LA VIE DE SEINT CLEMENT

Anglo-Norman Text Society
No. LXVI
(for 2008)

ANGLO-NORMAN TEXTS

LA VIE DE SEINT CLEMENT

Edited by
DARON BURROWS
Volume II – Text (7007–end)

LONDON
Published and distributed by the
ANGLO-NORMAN TEXT SOCIETY
from Birkbeck College, London WC1E 7HX
2008

Printed by Nuffield Press Ltd. (Oxford)
Bound by Green Street Bindery, Oxford

FOREWORD

This volume presents the second and concluding section of the anonymous early thirteenth-century *Vie de seint Clement* (Dean no. 517; cf. Vising no. 110), extant solely in Cambridge Trinity College R.3.46 (622), ff. 122-356. As in the first volume, the text has been edited with minimal emendation, and no corrections of a purely metrical nature have been effected. Given the variability of the syllable-count, diaeresis has not been used. All deviations from the letter of the manuscript text are listed at the foot of the corresponding page.

The third and final volume of the edition will contain Introduction, Notes, Glossary and Index of Proper Names.

LA VIE DE SEINT CLEMENT

Le matin vint, atant leverent
7008 Seint Pierre e ces ki od lui ierent.
Il prist od sei senglement
Nicetam, Aquilam e Clement;
Ces treis freres od sei prist   231v
7012 E vers la mer venir les fist.
Il se laverent en la mer
Pur estre partant plus legier;
A une part se sunt puis treit
7016 En tel lieu ki privé esteit.
Lur ureisuns ilokes firent,
Le lieu privé pur ceo choisirent.
Uns huem povre, bien viellard,
7020 Mis se fud a une part;
Mult esteit de povre atur,
Asez parut que il fust uvrur.
Cist estut priveement
7024 E guardat lur cuntienement:
Bien se aparceut que il urerent
E que en ceo ententif ierent;
Nes vout mettre a reisun
7028 Tant cum furent en ureisun.
Mult guardat lur cuvenue
E atendi lur venue;
Quant les vit venir, vers eus se mist,
7032 Primes les saluat, e puis lur dist:

'Si ne vus turne a ennui
Ceo que a vus ci venu sui,
E si vus a mal nel tenissez,
7036 Ne mei a enrievre notissez,
Volentiers od vus parlasse
Si vus offendre ne quidasse
Tant que de curiosité
7040 Entre vus ne fusse noté.
Jeo vus dirreie mun avis

7028 *letter erased before* en   7032 e *interlinear addition by corrector*

Cum a genz que vei suppris:
Grant pitié ai de vus eu,

7044   Cume de ces que vei deceu;
De verité semblant avez,
Mes senz faille vus errez.
Pur ceo vus dirrei, si il vus plest,
7048   Mun avis de ceo que nient ne est.
Ceo que jeo entend vus dirrai,
E vus puis escuterai
Si rien dire me savez
7052   Dunt jeo seie amendez.
Si bonement vulez suffrir,
E mun avis vus plest a oir,
A poi paroles, si en vus ne est,
7056   Savrez que reisun e dreit est;
U si vus estes molesté
De ceo que od vus sui aresté,
Dites le mei, si m'en irrai
7060   E mes uverainnes aillurs frai.'
      Seint Pierre respunt: 'Bon nus est
Que vus diez ceo que vus plest;
Quanque vus plerrat, dites tut,
7064   E nus vus durrum bon escut;
Seit mençunge, seit verité,
Tut dites vostre volenté!
Kar mult feites a preiser
7068   Quant vus nus vulez enseinner
E estes de nus curius
Que amendé seium par vus,
E par dire vostre avis
7072   Vulez que en bien seium apris
Sicumme li pere ses fiz aprent
Pur mettre les en amendement.'

Li viel hume respundi:

7076   'En la mer laver vus vi;

7044 *illegible addition above* uei *by revisor*   7054 a *inserted between* plest *and* oir

A une part puis vus treisistes
E en un lieu privé vus meistes.
Jeo reesteie priveement,
7080 E guardai ententivement
Pur quel busuin la demurastes,
Si me aparceui que vus urastes.
Pitié de vus oi mult grant
7084 Quant vus vi si meserrant:
Tant attendi que eussez feit,
E vers vus me sui puis treit
Pur vus mustrer que vus errez
7088 En ceo que vus si cultivez,
E que en seiez adresciez
Que mes pur nient n'i travaillez,
Kar tut est nient que Deus rien seit
7092 U que del siecle rien ait feit.
De Deu servir ne surt nul bien,
Cume de celui ki ne est rien;
De purveance ne ad puint el mund,
7096 Mes tutes les choses ki el mund sunt
Mises sunt en aventure
Quant ne est ki en prenge cure;
E tele cum iert la destinee
7100 Que chescum averat encuntree
Senz cuntredit cuvendrat suffrir,
Kar ne la porrat eschiwir.
Destinee e aventure
7104 Funt e defunt tute mesure:
Cest vus di, kar bien le sai,
Cum en mei meisme espruvé le ai,
Kar de cele art sui bien apris   *233r*
7108 Ki est apelee mathesis;
Plus que autre hume en sui usez
E partant en sei asez.
Pur ceo leissez vostre urer

7078 vn *interlinear addition by corrector*   7091 rien seit *(rien on erasure) added by
corrector*   7095 *first* e *of* purueance *interlinear addition*   7104 nature *added above*
mesure *as alternative*

7112	Quant bien ne en poez encuntrer,
	Kar si vus urez u leissez,
	Ja autre chose n'i prendrez
	Fors ceo que vus est destiné
7116	Des cel' ure que fustes né.'
	Clement avisat cel hume mult,
	Kar de sun semblant mult cunut,
	E asez avis lui fu
7120	Que aillurs le deust aver veu.
	De ceo dist un clers jadis
	De lettrure bien apris:
	'Quant un de autre ad pris neissance,
7124	Tut i eit puis desevrance,
	E que si departi seient
	Que lung tens ne se entreveient,
	La nature nepurquant
7128	Del lignage se met avant
	Ki ne met pas en ubliance
	La anci[ene] cunuissance.'
	Clement le viellard a reisun mist
7132	Ki il fust e dunt il venist,
	Mes pur quanque enquerre sout,
	Cil de ceo dire rien ne vout.
	Tant respundi nequedent:
7136	'Vostre demande que apent
	A ceo que avant parlé avum?
	Tut primes de ceo parlum!
	Bien porrum puis, si il est mestier,
7140	De noz lignages recunter,
	E noz nuns e noz pais
	Dire porrum cum funt amis.'
	Mult fud de grant eloquence
7144	E mult de bele pacience;
	Mult parlat reinnablement
	E mult se tint maurement

233v

7130 ancine *with* ne *erased*   7135 *second* e *of* nequedent *interlinear addition*   7139 puis *interlinear addition by corrector*

Tant que a merveille le preiserent
7148 Tut cil ki od lui parlerent.
Seint Pierre alat suef avant
E sermunat tut en alant.
Que ça, que la mult reguardat
7152 Tant que une place avisat
Asez bele sur la mer
U la gent soelent ariver:
Il se est vers cele place treit
7156 Pur ceo que asez privee esteit.
Quant la vint, iloec se asist,
E les autres seer i fist.
Il ne tint pas en despit
7160 Le viellard ke il tant povre vit;
Ne l'ad pur ceo vil tenu
Que povrement esteit vestu.
Puisque il furent la asis,
7164 Seint Pierre le ad a reisun mis:
'Mult estes par semblant lettrez,
E mult de franc queor en ceo semblez
Que si vuliez a nus venir
7168 Pur vostre entente descuvrir.
Vostre avis dit nus avez,
Nostre avis ore escutez!
E si vus vulez, nus vus dirrum   *234r*
7172 A quel reisun nus apuium.
Quant nostre avis avrum mustré,
Tut ne vus vienge il mie a gré,
Ne saciez mal gré a nus
7176 Plus que ne savum a vus:
Tel purpos cum vers nus avez
De nus tut autel recevez!'
A ceo que il sistrent e parlerent,
7180 Asez grant genz i asemblerent.

7162 poueement   7173 auis *interlinear addition by corrector*   7176 ne *interlinear
addition by corrector*   7180 genz grant *reordered by oblique lines*

Li viellard dist: 'Par aventure
Ces genz que tant nus vienent sure
A moleste nus turnerunt.'
7184 Seint Pierre respundi que ne ferunt:
'De ces genz ne tenum pleit
Endreit nus, si pur vus ne seit,
Kar de ceo pour avum
7188 Que quant od vus desputerum,
Si nus vus poum proeve faire
Ki a reisun ne seit cuntraire
E que desdire ne peussez,
7192 Que vus hunte ne en eiez,
E que de verté cunuissant
Ne vuillez estre, la gent oiant.'
  Li viellard a ceo respundi:
7196 'Jeo ne sui pas si envieilli
Ne endurci en folie
Par quei de rien vus desdie;
Quant jco la reisun entendrai
7200 De chose que de vus orrai,
Ja nen irrai ascient
De rien ariere pur la gent.'
  [Q]uant tant out dit, lores parlat   *234v*
7204 Seint Pierre e si cumençat:
  'Tel est,' ceo dist, 'le mien avis:
Ki de veirs dire unt apris
E mettent par verté dire
7208 Curage de hume a lumiere,
Bien resemblent ki si funt
Les rais del soleil ki clers sunt,
E ki nuls hume ne poet esteindre
7212 Tant cum lur clarté poet ateindre;
E pur sei meismes ne sunt tant cler,
Mes pur clarté a tuz duner.
De ces ki vunt si veirs prechant
7216 A genz ki sunt meserrant

7183 turnereunt *with second* e *expuncted* 7194 uuiilez

Dist un sage hume enariere:
"Vus estes del mund la lumiere.
Ne poet estre que seit celee
7220 Cité ki est sur munt fundee;
Nuls ne alume sa chandeille
Ki desuz mui sa clarté ceile,
U aillurs mette en celee
7224 Puisque il la avrat alumee.
Mes ki la alume, cil la met
Sur chandelabre dunt ele poet
Par la meisun clarté duner
7228 E faire a tuz lumiere aver.'"
        Dist li viellard: 'Mult bien asist
Cele parole ki que la deist!
Mes die avant aukuns de nus,
7232 Si nus en face oir plus,
E fermum nostre parlement
En certein purposement;
Ne alum pas avant, ariere,
7236 Mes tenum a une mateire
Pur attendre la verté
De ceo dunt dute averat esté!
Kar quant vient a desputeisun,
7240 Ne suffist mie que li un
Avant mette ceo que il sent
Si li autre ne face ensement,
Kar tel desputeisun poi vaut
7244 U li un oppose, li autre faut,
Si autre entente ne seit mise
Par quei la verté seit enquise.
Pur ceo que nostre desputeisun
7248 Seit sulung ordre e reisun,
Tut avant die un sun avis,
E li autre le suen puis
Que li un a l'autre face entendre
7252 Quel sentence il veut defendre!
Partant porrunt mateire aver
De l'un le autre mieuz opposer;

235r

E si vus plest, premierement
7256 Vus dirrai ceo que jeo entend.
    Jeo di que puint de purveance
Ne est el mund, mes en balance
Tut est e en aventure
7260 Cum cil de ki nuls ne prent cure,
Kar multes choses vei el mund
Ki tut cuntre dreiture sunt;
Cuntre reisun e cuntre dreit
7264 Est mult de ceo que l'um veit.
Pur ceo di seurement
Que destinee tut cumprent,
E que rien ne avrat duree   *235v*
7268 Que tut ne voist par destinee.'

    Seint Pierre vout respundre atant,
Mes Niceta se mist avant
E requist que, si lui pleust,
7272 Al viellard respundre peust;
Cungié lui dunast de parler,
Tut fust il jofne bacheler,
E le autre fust hume de eage;
7276 Nel tenist mie a ultrage
Si vers lui parler vuleit,
Kar tant bel se portereit
Cum fiz se deit porter vers pere,
7280 Senz vilainnie dire u faire.
    Dist li vieillard: 'Beal fiz, bien grant
Que diez vostre avenant,
E vus e voz cumpainnuns
7284 Bien nus mustrez voz reisuns!
E des autres tut ausi
Ki vienent acurant ci
Bien grant que chescun ki seit rien
7288 Sun avis die; jeo l'orrai bien,
Kar quant plusurs enqueste funt

7281 lui

De chose dunt en dute sunt,
Meillur en est le aveiement
7292 Ki vient de mulz que de poi gent,
Kar plus tost en iert truvee
La certé par asemblee
Que ne iert la u poi gent sunt:
7296 Plus unt senz mulz que poi n'en unt.'
  Quant Niceta le graant aveit
Que al vieillard parler poeit,
Einz que il de rien el i parlast
7300 E sa reisun i cumençast,
Primes se prist a escuser
Que l'um ne deust a mal noter
Ceo que il toli a seint Pierre
7304 La reisun que il deveit dire:
  'Beal piere,' ceo dist, 'ne quidez mie
Que ceo vienge de fol hardie
Que jeo me sui si enbatu
7308 E que ne ai pas attendu
Que mun seignur Pierres deist
Ceo que il seust que a dire feist:
Nel faz pur el fors par amur
7312 E pur guarder sun onur.
Il est hume plein de Deu
E seit quanque apent a Grieu;
Le Seint Espirit le ad repleni,
7316 Dunt tute science est en lui;
Il seit tut, ne lui faut rien,
Kar Deus ad mis en lui tut bien.
A lui ne apent a parler de el
7320 Fors de choses ki sunt del ciel,
Pur ceo vuil parler a vus
Sulung le language as Grieus.
Quant nus avrum desputé tant
7324 Que nus ne saverum mes avant,

236r

E que nus estuece arester,
Lores estuverat lui parler
Cume celui ki par Deu seit
7328 Tute science e clerment veit
Quanque apent a verité.
Par lui prendrum la certé,
E ne mie nus sulement,
7332 Mes quanque sunt ci en present,
Quant parler le avrunt oi,
La verté savrunt par lui.
Il deit estre juge sur nus,
7336 E quant un de nus iert cunclus,
Tut nostre afaire sur lui mettrum
E a sa sentence nus tendrum.'

    Quant Niceta out dit tant
7340 De seint Pierre, tuz oiant,
La gent ki acuru ierent
Entre sei mult en parlerent.
Chescun vers autre se est turné
7344 E chescun de autre ad demandé
Si cist Pierres iert celui
De ki il eurent tant oi
Que tant fud pruz e alosé,
7348 E disciple aveit esté
Celui ki en Judee fu
E feit i aveit grant vertu.
Atant turnerent vers seint Pierre
7352 Pur escuter que il veusist dire;
Il lui porterent tel onur
Cume funt bons serfs a lur seignur.
    Seint Pierre bien se en aparceut
7356 E cumandat faire escut,
Puis dist a tuz: 'Bien escutum
E nostre entente tute metum
De bien jugier sulung le dreit

236v

7347 fud *interlinear addition by corrector*

7360   Quel de ces dous plus reisun eit!
             Bien escutez ceo que il dirrunt,
             E quant asez desputé avrunt,
             Puis ferum ceo que a nus afiert   *237r*
7364   E dirrum ceo que mestier iert.'
               Li pueple mult se en esjoi
             Quant de seint Pierre out tant oi.
             Niceta atant cumençat
7368   E vers le vieillard issi parlat:

               '**B**eal pere,' ceo dist, 'dist nus avez
             La sentence que vus tenez.
             Oiant tuz avez cuneu
7372   Que rien el mund ne est par Deu;
             De purveance ne ad puint el mund,
             Mes sulung destinee sunt
             Tutes les choses ki sunt en terre
7376   E quanque l'um poet dire u faire.
             Tost porreie respundre a cest,
             Mes pur ceo que reisun est
             De l'ordre guarder e la maniere
7380   Ki apent a nostre mateire,
             Nostre sentence vus dirrum
             Pur mustrer ceo que nus tenum;
             Tut vus dirrum nostre avis
7384   Sicum vus avez nus requis.
               Jeo di del mund que par Deu est
             Ki tut purveit sicum lui plest;
             Tut le mund est sustenu
7388   Par Deu ki tut ad bien purveu;
             Par purveance guverné sunt
             Tutes les choses ki mestier unt.
             Quanque est el mund tut ad Deu feit,
7392   E sicume Deu veut, tut issi veit;
             Ne poet li mund tuz tens durer,
             Quant Deu vuldrat, le estoet finer.

7366 pierre *added to right of text*

Aprés sa fin dunc aparrat   *237v*
7396   Li siecle ki ja ne finerat
       E ki est feit pur recuillir
       Tuz ces ki vuelent Deu servir.
       En cel siecle nen entrerunt
7400   Fors ki deservi bien le avrunt,
       Kar uns Deus est mult dreiturier —
       De plus aver ne est nul mestier —
       E il a chescun tut rendrat
7404   Sulung ceo que feit avrat.
       Nostre sentence oi avez,
       Ceo que vus plest ore dirrez:
       En vus est ore de pruver
7408   Que ma sentence ne peusse ester,
       U de mustrer la reisun
       De la vostre opiniun;
       E sulung ceo que dirrez
7412   Mun respuns par tens avrez,
       U si vus plest que jeo plus die,
       Del targier n'i avrat mie.'

       '**B**eal fiz,' ceo dist dunc li vieillard,
7416   'Mis nus sumes a une part,
       Par quei ne estoet granment chaler
       Liquel deive avant parler.
       Ne devum mie prendre a fes
7420   Ki die avant u ki die aprés
       Quant nostre desputeisun
       Nen est si en amur nun.
       Mes dites avant nequedent,
7424   E je l'orrai mult bonement,
       E al mien vuoil de vus orraie
       Quanque dire a vus devreie,
       Que par dire vostre asen   *238r*
7428   E par mustrer aprés le mien,

7395 Apres sa sa fin *with first* sa *very lightly erased*   7406 uus *and first letter of* plest *written on erasure*   7414 i *of* targier *interlinear addition*

Par primes faire les pruvances
E par puis mettre les faillances,
Aprés la cuntrarieté
7432 Asener peussez la verité.'
Niceta respunt: 'Si vus vulez,
Bien dirrai quels puinz vus tenez;
Voz paroles bien dirrai
7436 E bien i respunderai.'
Dist li vieillard: 'Primes mustrez
Dunt vus vient que ceo savez
Dunt rien uncore parlé ne ai,
7440 E partant mieuz vus en crerr[ai]
Que dire porrez mes parties,
Tut nes eiez uncore oies.'
Niceta dist: 'Asez est seue
7444 La sentence que avez cuneue,
Kar ki unt lur entente mis
Tant que vostre art eient apris
Bien seivent par la sentence
7448 Quele en est la consequence.
Les philosophes hanté ai,
De ceo me vient que aukes sai
Quels sunt les opiniuns
7452 Aprés les diffiniciuns.
Partant que mustré nus avez
Quel sentence vus tenez,
Bien en sai la cunsequence,
7456 Kar bien ai hanté la sentence.
Jeo e Aquila mun frere
Mult meimes peine enariere
De mult oir e mult aprendre   *238v*
7460 E philosophes bien entendre.
Nostre autre frere ki est ci
De lettrure ad mult oi;
De Aristotle e Platun
7464 Oi ad meinte leçun.

7429 Kar   7440 *letter following* crerr *erased*

Pur ceo seez bien purveu
A quels genz vus estes venu,
Kar ces ki parler vus orrunt
7468   Bien en lettrure fundé sunt!'

Li vieillard dist: 'Asez entend
Que dit avez reinnablement;
Bien avez mustré par reisun
7472   Que par ma diffiniciun
Saver poez le cunsequent
De ceo que a mun purpos apent.
Mes jeo sui avant de vus
7476   En ceo que jeo di aukes plus,
Kar jeo di que nule rien,
Seit ceo mal u seit ceo bien,
Senz destinee ne poet estre,
7480   Tant di jeo plus que vostre meistre.'

Clement dist dunc: 'Oiez, beal pere,
Si tant poet Niceta mun frere
Que vus face la pruvance
7484   Que Deus par sa purveance
Sustient le mund e tutes les choses
Ki en cest siecle sunt encloses!
Aprés ceo dire vus porrai
7488   De destinee, kar jeo en sai.'
A ceo que Clement issi parla,
'Quel mestier [est],' dist Aquila,
'Del vieillard "pere" apeler?   *239r*
7492   Nel devum pas "pere" numer,
Kar de ceo numeement
Avum eu cumandement
Que "pere" numer ne devum
7496   Nul fors Deu ki est ensum.'
Atant se turnat autre part
E parlat vers le vieillard:

7496 Nuls *with* s *expuncted*

'Beal pere,' ceo dist, 'ceo que jeo di
7500 E mun frere de ceo chasti
Que "pere" vus ad apelé
Ne vus ennuit, kar cumandé
Nus est issi que ne devum
7504 Hume apeler par tel nun!'
 Tut le pueple mult en rist
De ceo que Aquila tant i dist,
E li vieillard e seint Pierre
7508 Mult en pristrent tuz a rire.
 Lores ad Aquila mult enquis
Dunt fust la acheisun de lur ris.
 Clement respunt: 'Pur ceo rium
7512 Que la acheisun de vus avum,
Kar sur autres mettez le blasme
Dunt vus estes cupable meisme:
Le vieillard "pere" apelastes,
7516 Dunt vus primes me blasmastes!'
 Aquila grant hunte en out
Quant bel escuser ne se sout,
Puis dist: 'Al veir dire ne sai
7520 Si jeo "pere" le apelai.'
 Entretant que cest si fu,
Seint Pierre, ki tut le out veu,
Aukes de suspeçun aveit   *239v*
7524 Del semblant que il la ve[e]it,
Sicume il puis le cuneut
As cumpainnuns que il od sei out.
Vers Nicetam puis reguardat
7528 E dire avant le cumandat,
Que demurance mes ne feist
Par quei sun purpos plus remeist.
 Niceta cumençat a dire
7532 Quant cumandé le out seint Pierre.

7499 que *scored through between* ceo *and* dist 7508 riere *with first* e *expuncted*

Ne puis pas i mettre en escrit
Tutes les reisuns que il i ad dit.
De philosophes avant mist
7536   Asez de ceo que chescun dist,
Quele fud lur opiniun,
E la sentence de chescun.
Bien mustrat que dit Pitagoras,
7540   E que out dit Anaxagoras;
Ceo que dist Diodorus,
E que Anaximandurus;
Que dist Asclepiades,
7544   E Zenon [e] Enpedocles;
De Epicur e de Platun,
De Thales e Cameleun;
De ceo que dist Democritus,
7548   Diogenes e Calistratus;
Ceo que out dit Parmenides,
E que dist Aristoteles.
Ces philosophes mist avant,
7552   E que chescun alast disant
Del mund e des quatre elemenz
Quels furent lur cumencemenz.
Asez pruvat par reisun   *240r*
7556   Que Deus nen est ne mes fors un
Ki tut le mund ad feit de nient
E tut guverne, tut sustient,
E ki par sa purveance
7560   Meintient en bien tute substance;
Ke si purveance ne fust rien,
Pur nient freit hume jamés bien;
Pur nient se deust l'um traveiller
7564   De justise querre e guarder
Si Deu ne fust ki tut rendist
Sulung le bien que chescun feist.
Asez alat opposant,

7542 u *of* que *written on erasure*   7556 Que deus est mes ne fors un   7561 Ki *altered to*
Ke *by corrector*   7565 deus *with* s *expuncted and erased*

7568   Asez essamples mist avant:
De diverse creature
E del curs de lur nature,
Del ciel e del firmament,

7572   Del soleil ki tant cler resplent,
De la lune e des esteiles,
Dé planetes e des merveilles
Ki sunt en astronomie

7576   Dunt jeo ne sai que vus en die;
Humes, bestes ki vie unt,
Bien mustrat que par Deu sunt;
Dé arbres, herbes dunt fruit vient,

7580   E des autres ki ne unt nient;
Des tens ki changent tant suvent
Que ure autre ja ne atent;
Cument yvern passe avant,

7584   Cument esté le veit siwant,
E quant yvern revient aprés,
Cument esté ne dure mes.
Quanque est en terre u en mer,   *240v*

7588   Bien dist que rien ne peust ester
Si tut avant ne l'eust Deu feit
Ki tut purveit sicum il seit.
Reisun mustrat de meinte art

7592   Pur mettre en dreit sens le vieillard;
Tant fist meismes questiuns
E meismes mist solutiuns
Que li vieillard mestier ne out

7596   De demander avant un mot.
En ceo dire demurat tant
Que le jur passat mult avant,
Kar briefment ai tut cumpris

7600   E tute la summe ai ci mis
De tute la desputeisun;
E tele fud la cunclusiun
Puisque entremis se fud de dire

7604   Tant que asez deveit suffire:

'Deus est,' ceo dist, 'ki tut ad feit
Quanque est el mund e tut purveit,
Mes il meisme ne est pas feit
7608   Par chose ki fust u ki seit:
Tuzdis fud, tuzdis serrat,
Ja sun estat ne changerat.
Cil qui mettent la nature
7612   Que Deus ad mis en creature
Avant de Deu, e tant ariere
Unt Deu mis que il osent dire
Que autre Deu ne est fors nature
7616   Ki rien face u prenge cure,
Trop meseirent malement;
Mestier unt de aveiement,
Kar trop est mal quant lur folie   *241r*
7620   E lur errur ne entendent mie.
Trop est grant lur desmesure
Quant il dient que nature
Ne ad en sei puint de reisun,
7624   E puis par grant abusiun
Dient que meismes la nature
Feit reinnable creature.
De trop grant folie vient
7628   Quant hume en tel errur se tient
Que reisun peusse venir de la
U l'um est cert que nule ne a.
E si ceo est veirs que par reisun —
7632   Ceo est Deu meisme par autre nun —
Sunt tutes choses bien criees
E meintenues e guardees,
Jeo ne sai a quel mestier
7636   L'um deive le nun Deu changier
E dire el que verité
De ceo que tuzdis ad esté
Quant l'um cunuist e est seur
7640   Que tut vient del Creatur.

7623-25 *lines added at base of column with letters in right margin to indicate correct position*

Beal piere,' ceo dist, 'tant dit vus ai,
Ore respundrez, e jeo l'orrai
Si jeo ai leissé rien ariere
7644 De chose que vus deusse dire.'
 De ceo que il dist ceo en est la summe,
Atant respundi li vieil hume:

'**B**eal fiz, mult avez parlé bien,
7648 Kar vus ne avez leissié rien
Que dit ne eiez mult cuintement
Quanque a purveance apent;
Ne porreit hume, sicum jeo quid,
7652 Mieuz dire que vus en avez dit.
Mes le jur est mult alé   *241v*
Tant cum nus avum ci parlé;
Pur ceo respit aver estoet,
7656 A demein, si vus plest, le met.
Jeo vuil dunc que plus me diez,
E si mun gré feire poez,
Redevable mult vus serrai
7660 E grant gré vus en saverai.'
 A ceo que li vieillard tant dist,
Seint Pierre levat e mes n'i sist.

Li plus haut hume de la cité
7664 Entre les autres out la esté;
De Laodice chief esteit
E senz dute franc queor aveit.
De franc queor vint ceo que il fist,
7668 Kar seint Pierre mult requist
E ses disciples ensement
Que, senz aver lur maltalent,
Les dras al vieillard peust changer
7672 E que meillurs lui peust duner,
Kar trop fud pleine de ordeure
E depanee sa vesture.

7649 ne *scored through between* Que *and* dit

Seint Pierre a grant gré prist
7676 Cel ofre que li hauz huem fist;
Tut ausi ces ki furent od lui
A mult grant gré le unt recuilli,
E pur sa bone volenté,
7680 Ki lui vint de grant honesté,
Mult le preiserent e diseient
Que bonement le grantereient,
Kar, ceo distrent: 'Ne sumes mie
7684 Tant repleni de sotie
Que celui qui tant preisum
Que bone parole lui disum
Pur lui attraire a salu,
7688 Tut ne seit il bien vestu,
Mult bien ne vuillum que il eit
Ceo que a sun cors mestier seit;
E nus de bon queor lui durrum
7692 De tel bien cum nus avrum,
E bien quidum que a gré le prenge
E cume pere a fiz nus tienge.
Od nus lui frum aver ostel,
7696 E sulung ceo que nus avrum el
Bien vulum que il eit cumune
Od nus de quanque Deu nus dune.'
Li hauz huem ki la esteit
7700 E la requeste feit aveit,
Quant il oi ces tant dire,
Que par force, que par preiere
Vout le vieillard d'iloec sacher
7704 E a l'ostel od sei mener.
Tut ausi mult le requist
Seint Pierre que il od lui venist,
E les freres ki la esteient
7708 Od sei aver mult le vuleient;
Il le voudrent od sei mener,
E li hauz huem le vout aver.

242r

7706 il *interlinear addition*

Atant criat li pueple tut:
7712 'Ceo seit que li vieillard veut!'
Li vieillard cumençat a parler
Tant tost cum escut pout aver,
E oianz tuz dist: 'Al jur de ui
7716 Ne remeinderai od nului.
Ui de nule rien ne prenderai, *242v*
Kar un pur autre trublerai;
Ne vuil les uns faire joius,
7720 Dunt autres seient anguissus.
De si faire le ai ore enpris,
Asez en frai puis mun avis.'

Quant seint Pierre a estrus vit
7724 Que li vieillard out escundit
E pur rien ne vout flechir
Tant que od nul de eus vousist venir,
Vers le riche huem se turnat
7728 E en tel furme a lui parlat:
'Ceo que vus plout a nus venir
Pur noz paroles ci oir
Vus vient de bone volenté,
7732 E nus vus en savum gré,
E pur le amur que vus mustrez
Partir dolenz ne en devez.
Bien vus devum reguerduner
7736 Vostre onur a nostre poer:
Vostre meisun nus mustrez
E a demein la aprestez
Que nus peussum la asembler
7740 E od cest vieillard desputer,
E bien grantum de la venir
Tuz ces ki nus vuldrunt oir.'
Li riches huem a grant heit prist
7744 Ceo que seint Pierre tant lui dist,
E li pueple ki present fu
A venir la se est cunsentu.
Li pueple atant tut s'en alat,

7748　　E li hauz huem sa meisun mustrat.

　　　　Li vieil hume se en parti,
　　　　Mes Clement nel mist en ubli,
　　　　Kar un sun serjant venir fist
7752　　E cumandat que il siwist
　　　　Le vieillard tut priveement
　　　　E apreist bien cuintement
　　　　U il alast herbergier,
7756　　E par tens lui feist saver.
　　　　A l'ostel se en vint seint Pierre,
　　　　Sei quart, il e li trei frere;
　　　　A lur cumpainnuns cunterent
7760　　Cument al vieillard desputerent.
　　　　Le un e le el trestut lur distrent
　　　　E al mangier puis asistrent;
　　　　Puis quant cumençat a anuiter,
7764　　Tuz alerent reposer.

　　　　　Le jur aprés matin levat
　　　　Seint Pierre e les suens esveillat.
　　　　Ses cumpainnuns fist tuz lever,
7768　　Puis se en alerent pur urer
　　　　El lieu u il eurent esté
　　　　Le jur devant en priveté.
　　　　Quant feit eurent lur ureisun,
7772　　Se se treistrent vers la meisun
　　　　U seint Pierre enpris out
　　　　Que cel jur la venir vout.
　　　　Seint Pierre entreveies dist:
7776　　'Escutez mei, serfs Jesu Crist!
　　　　Bon est que chescun de nus face
　　　　Sicume Deu lui dune grace.
　　　　Chescun se peint de cunseillier
7780　　Ces ki de cunseil unt mestier;
　　　　Sun poer mette chescun

　　　　Que a nostre religiun
　　　　Peussum tuz cunvertir
7784　　Ki vendrunt pur nus oir

Que tuz i peussent aver pru
Par ceo que a nus serrunt venu!
Jeo vus di tuz en cumune,
7788 Sulung le sens que Deu nus dune,
Ne devez estre ennuiez
De dire le bien que savez
Que par vostre enseignement
7792 Amendé seient li nescient.
Ajustez vostre eloquence
Pur mieuz mustrer la sentence
Que de mei oi avez,
7796 Mes plus del vostre ne mettez;
Guardez de chose mettre avant
Dunt jeo ne vus seie guarant.
Tant dites cum jeo ai dit a vus,
7800 Ultre ceo ne dites plus,
Tut vus semble que ceo veirs seit,
Kar mal tost surdre en porreit.
Nul de vus avant ne mette
7804 Fors ceo que li verrai prophete
Apris me ad, e jeo avant!
Senz el dire tenez a tant,
Tut seit semblant que chose i eit
7808 Ki entendable partut ne seit,
Kar suvent est avenu
De plusurs ki sunt poi purveu
Que par mettre de[l] lur avant
7812 Ceo dunt ne unt meistre ne guarant
Tut eissent hors de verité   *244r*
Par dire lur proprieté.
Par penser de el que il ne unt apris,
7816 Quant vient al dire, dunc dient pis,
Kar il ne unt autorité nule
Fors de lur cuntrueve sule.'

7798 ne *interlinear addition by corrector*   7801 ceo *interlinear addition*   7814 Per *altered to* Par *by corrector*

Ces ki furent od seint Pierre
7820   E ki cest le oirent dire
Bien le granterent, e diseient
Que avant de ceo rien ne freient
Que de lui aveient apris,
7824   Par eus n'i avreit ja plus mis.
Seint Pierre redist: 'Chescun de vus
De desputer aprenge le us:
Mei oiant, tant vus usez
7828   Que senz peril parler peussez;
Tut avant i die un
E puis autre sa reisun
Tant que tuz parlé eiez
7832   Sulung le sens que vus avez!
Niceta parlat al jur de ier
Sulung ceo que il fud mestier;
Aquila i parlerat ui,
7836   Nostre afaire mettrum sur lui.
Clement aprés ceo parlerat
Quant Aquila parlé avrat,
E si il seit mestie[r] puis aprés
7840   Que l'um deive parler mes,
Aucune chose i dirrai
Sulung la reisun que entendrai.'
Tant out ja seint Pierre alé
7844   E tant aveit de cest parlé
Que a la meisun iert venu   *244v*
E a joie i fud receu,
Kar li sires de l'ostel
7848   Mult le recuilli bien e bel,
E ses cumpainnuns tut ausi
A grant onur i recuilli.
Il les fist tuz venir avant
7852   En un lieu bel e avenant;
En guise de theatre fud feit

7844 parlae *with second* a *expuncted*   7846 uenu *cancelled by underlining between* fud *and*
receu

E de bele uverainne esteit.
Grant assemblee la truverent
7856 De genz ki la acuru ierent;
Asez de ces ki dunc la furent
Tres devant jur esté i eurent.
Seint Pierre eurent atendu;
7860 Entre les autres li vieillard fu
Ki bien einz de seint Pierre i vint
E entre les genz tut coi se tint.
Entur seint Pierre se sunt mis
7864 Les suens ki furent bien apris;
Tuz entrerent, seint Pierre enmi,
Ceo firent pur onur de lui;
Mult unt guardé de tute[s] parz
7868 Si venuz i fust li vieillarz.
Seint Pierre le vit tut avant
Entre cele gent tapisant;
Entre tuz le out bien cuneu
7872 Tant tost cum il le aveit veu.
Il le apelat, tuz oiant,
Si lui dist que il venist avant:
'Venez avant!' ceo dist seint Pierre.
7876 'Purquei vus traez tant ariere?
Purquei si vus tapisez   *245r*
E pur hunte vus cuvrez?
Ne vus devez traire ariere,
7880 Kar vostre aume est plus clere
Que de plusurs autres ne sunt
Ki de sei meisme grant pris unt.
Venez avant, si nus direz
7884 Quanque en queor de dire avez!'
    Quant tant out dit, ne tarjat plus
Li vieillard que ne levast sus;
Li pueple lui fist aver espace
7888 Par quei il peust venir en place.
Tant tost cum il vint avant,

7882 funt *added above* unt *as alternative*

Dit i ad demeintenant:
   'Le sens e le ordre tut bien sai,
7892 Mes tuz les moz retenu ne ai
De quanque li bacheler
E jeo parlames ensenble ier.
Mes mestier est, sicum jeo quid,
7896 Que quanque entre nus fud ier dit
Briefment seit ui rehercié
Que si jeo rien ai ublié,
Par celui eie recuvrier
7900 Ki present est e parlat ier.
Mulz ensement ad ci de teus
Dunt la ne fud un sul de eus
U ki nus dous oist parler,
7904 Pur ceo feit bien a rehercer.
   Ceo est la summe e le sens
Dunt nus parlames ier lung tens
Que de tut ceo que l'um veit
7908 U certeinne mesure eit
E art e furme e semblance,
Creire en deit l'um senz dutance
Que tut vient de grant vertu
7912 E par grant saveir feit fu.
   E si quanque est en present
De reisun prent cumencement,
E par vertu de dreit curage
7916 Sunt tutes riens en lur estage,
Bien deit estre cunsequent
Que tut le mund, od quanque apent,
Par purveance est meintenu,
7920 Tut ne l'eium entendu
E tut quidum que reisun ne eit
En plusurs choses que l'um veit.
   E si curage e reisun
7924 Tant bien se sunt cuplé en un
Que par cele assemblee

245v

7902 sul *written on erasure*   7923 *two letters erased between* e *and* reisun

Est tute chose criee,
Bien se siut que ceo Deu seit
7928   Ki tutes riens par reisun feit.
      E si tute creature
Par Deu se tient en sa nature,
Dreiturier cuvient que il seit
7932   Ki tut ordeine e purveit.
      E si il est dreiturier,
De ceo siut que il deit jugier,
Kar ceo apent a sa reisun
7936   Que aver deit discretiun
Pur faire le dreit jugement
De quanque iert feit bien u malement,
E tuz humes jugerat
7940   Sulung ceo que chescun frat.
Dunc i avrat departeisun   *246r*
Que bien ne mal ne prengent un,
Kar cil ki bon sunt e les maus
7944   Ne deivent estre parigaus.
      Ceste iert la summe, al mien escient,
De tut nostre parlement.
      Mes a cest estoet pruvance
7948   Pur mei mettre en entendance.
Si l'um me poet pruvance faire
E par reisun a tant traire
Que jeo creie e pur veirs sace
7952   Que curage e reisun face
Quanque est en terre e en ciel,
E cele reisun ne seit rien el
Fors Deu sul ki tutes choses
7956   En sa poesté ad encloses,
Despuis siut bien que ki tut feit
Par dreit e reisun tut purveit:
Bien deit venir purveance
7960   De celui dunt vient la feisance.

7945 mient *with* t *expuncted*

Mes si nature ne veit gute
Tant que senz reisun seit tute
E que tute creature
7964   Ne vienge de el fors de aventure,
Dunc di jeo bien seurement
Que puint n'i ad de jugement;
Mes seit ceo bien u seit ceo mal,
7968   Trestut serrat parigal,
Kar pur bienfeit ne iert bien rendu
E pur malfeit ne iert rien perdu,
Ne juge ne iert ki rien entende
7972   U ki pur bien u mal rien rende.
Cest est le chief de quanque est,   *246v*
E tute rien apent a cest;
Pur ceo ne tenez ad desdein
7976   Si de od vus parler me pein
E si jeo ai en volenté
Que cest me seit si bien treité
Que jeo en prenge entendement
7980   Par espundre apertement.
En ceo me est la porte close
Que jeo tant dut de ceste chose;
De ceste porte mult desir
7984   Que l'um la me face uvrir.
Par ceste dute sui forclos
De entrer en autre purpos;
Parler de el ateint a poi
7988   Si de ces puinz avant nen oi.
Un de vus respune a cest
Ki a respundre aturné est!
Jeo ne ai pas hunte de aprendre
7992   Si l'um me feit reisun entendre;
Ki veir me dirrat, bien le orrai,
E a reisun bien me tendrai.
Ne sui de rien aseuré
7996   Pur chose dunt fust ier parlé,

7984 me face la *reordered by oblique lines*

E de ceo numeement
Ne ai pris uncore aveiement
Que li mund tienge sun estage
8000 Par reisun ki seit en curage,
Kar choses vei el mund plusurs
Ki senz dute vunt a reburs.
Partant pert bien que destinee
8004 Par tut le mund est acursee;
Par destinee estre estoet   *247r*
Tute la rien ki estre poet:
Par mei meisme le pruverai
8008 Quant autre reisun n'i avrai.'
    Quant li vieillard tant dit aveit
Que a lui respundre cuveneit,
Tuz se tuerent fors Aquila;
8012 Cil respundi e si parla:

    '**P**artant que vostre graant avum
De dire ceo que nus vulum
E que vus entendre vulez
8016 A ceo que dire nus orrez,
Aturné par mun frere sui
De respundre al jur de ui,
Kar Niceta, qui parlat ier,
8020 Ui me ad granté de od vus parler.'
    Dist li vieillard: 'Beal fiz, parlez,
E dites quanque vus vulez!'
    'Menbre vus,' dist Aquila,
8024 'Cument mun frere Niceta
Asez reisun vus mustrat
Quant il ier od vus parlat
Tant ducement cum fiz od pere
8028 E dist tute la maniere
Purquei les choses feites sunt
Ki par semblant ja pru ne funt!'
    Li vieillard dist: 'De cest vuldreie
8032 Par vus estre en dreite veie;
De ceo vuldreie estre sage

Purquei cil suverein curage,
De ki vus dites que tut feit
8036   E par grant reisun e par dreit,
Tels choses el siecle fist   *247v*
Dunt bien u pru jamés nen eist,
Cume lesardes, suriz, guibez
8040   E autre menuaille asez,
En ki ne ad puint de beauté,
E del tut sunt senz bunté.
Mustrez reisun purquei feit est
8044   Ceo que bon e bel nen est!'
      Aquila bien entendi
La questiun e respundi:
    'Si a tant vus peussum treire
8048   Que en ceo nus vulsiez creire
Que par reisun fust tut feit
Quanque avant avez ci treit,
Aprés ceo dire vus porreie
8052   E mettre vus en dreite veie
Purquei ces choses feites seient
Ki vus en tel dutance treient,
E pruvereie par reisun
8056   Que feit ne sunt si a dreit nun.'
    'Nel puis creire,' dist li vieillard,
'Ne bien entendre par dreit art
Que rien seit par reisun feit
8060   U par curage ki sens eit,
Pur plusurs choses que el mund sunt
E cuntre dreit e ordre vunt.'
    Aquila ne fud pas lent,
8064   Kar il respundi erraument:
    'Si vus,' ceo dist, 'ne creez mie
Que rien seit en ceste vie
Que Deus eit feit e purveu
8068   E par reisun meintenu,
E pur ceo nel poez creire   *248r*

8053 seient *written on erasure*   8066 seit *written on erasure*

Que mult i veez del cuntraire
En ki ne ad ordre ne reisun
8072 Ne chose ki turnt si a mal nun,
Purquei ne crerrez que par Deu seit
Quanque sulung reisun veit,
E que nature ki reisun ne ad
8076 Reinnable oevre jamés ne frad?
　　Bien sui cert, kar al veir dire
Nel poum par dreit desdire
Que mult ne voisent hors de curs
8080 Plusurs choses e a reburs,
Mes tut ne veit pas uelment,
Ne tut bien, ne tut malement.
　　Creez dé choses ki bien vunt
8084 Que de reisun venues sunt,
E que Deu les ad si purveues
Que par lui seient meintenues.
　　Quanque veit hors de dreite veie,
8088 N'en creez que Deu rien purveie,
Mes que ceo seit par aventure
Sulung fieblesce de nature.
Mes a merveille ai tenu
8092 De gent ki ne se unt aparceu
Que les choses ki unt sens
Changier poent lur purpens,
E ki que seit, u fol u sage,
8096 Sulung ceo change sun curage.
Sulung le sens que chescun ad
Bien u mal sulung ceo frat;
U sens nen est, ne ad mal ne bien,
8100 Cume de ceo ki ne entent rien,
Kar de reisun trestut vient   *248v*
Ceo que chose dreit ordre tient.
Mes quant dreit ordre pert sun curs
8104 Tant que la chose veit a reburs,
Sulung reisun ja puis ne irrat

8099 ne en

Tant cum le ordre trublé serrat.'
    Li vieillard respunt: 'Ceste chose

8108   Vuil jeo que mieuz me seit desclose.'
    Dist Aquila: 'Senz demurance
Par essample frai la pruvance.

    Dous choses veum amunt el ciel
8112   Dunt le un e le autre est cler e bel:
Ceo est le soleil e la lune,
Le un e le autre grant clarté dune.

    E esteilles i ad plusurs
8116   Ki bien guardent lur dreit curs;
Par ces cunuist l'um tens e ure
E des tens seit l'um la temprure.

    Tant cum ces en dreit curs sunt,
8120   Humes en terre eise en unt,
Mes quant Deu plest que chastié
Seient humes pur lur pechié,
Dunc se change tut le afaire

8124   E tut turne a cuntraire,
Kar li soleil ses rais retreit,
U il art trop a surfeit,
U tant est cuvert de nue

8128   Que tut se est mis hors de veue;
E tut ausi feit la lune,
Kar de clarté puint ne dune,
E les esteilles sunt cuvertes

8132   Ki tant soelent estre apertes.
Dunc se changent les orez,   *249r*
Dunc surdent tempestes asez;
Vent e pluie e greseille

8136   Tut destruit e tut eissille,
E pestilence tut cumfund
Blez e fruiz ki en terre sunt.
Trop mortel an ensiut de cest

8140   Quant tut perist quanque en terre est;
Mult en est la anee dure

8109 *line written on erasure*

Quant avient tel aventure.
Tutes les feiz que tel afaire
8144 De pestilence vient en terre,
Dreit ordre i est corrumpu
En ceo meisme que il est tenu,
Kar ne est huem ki bien ne sace
8148 Cum grant pru li soleil face
A tutes les riens ki sunt el mund,
Kar del soleil tuz mestier unt.
Tuz tens est sun curs ordené,
8152 Kar sul Deu le ad tel aturné,
E la lune tut ensement
En sun dreit curs tuz tens se tient.
Les esteilles tut ausi funt
8156 Ki en lur dreit curs tuz tens sunt:
Tut ne seient tuz tens veues,
En lur dreit curs se sunt tenues.
Mes nepurquant, tut seit issi
8160 Que el n'i eit fors ceo que jeo di,
Quant Deu pur chastiement
Enveie sun flael entre gent
Que li soleil devient ardant
8164 U sa clarté veit retreiant,
U la lune devient obscure
Ki sout estre clere e pure,
U les esteilles el ciel ne perent
8168 Ki tant cleres e beles ierent,
Dunt tant se changent les orages
Que trop en vienent granz damages,
E en peril en chiet le mund
8172 Par pestilence ki tut cumfunt.
Quant l'um veit tel chose el ciel,
E en terre vient tel flael,
De aventure ne vient ceo mie,
8176 Mes Deu la gent partant chastie.
Del dreit curs ne change rien,
Mes Deu sustreit a gent le bien
E le pru que aver soleient

249v

8180 Tant cume sun pleisir feseient.
Il les veut partant chastier
Que ne se amordent a pechier;
Nepurquant quant tel afaire
8184 Avient pur pechié en terre,
De l'une part est ordre tenu
E de autre part est corrumpu.
Le dreit ordre bien guardé est
8188 Tant cume le dreit curs changé ne est,
E en ceo semble corrumpu
Quant pur pechié pert l'um le pru.
Dunt vint le pru, de la vient perte,
8192 Ceo sueffrent genz par lur deserte.'

Asez plus i dist Aquila,
Kar mult a leiser i parla.
Asez dist del bien e del mal
8196 E dunt surt lur original.
Del bien dist que [de] Deu vient   *250r*
Ki feit tut bien e del mal nient,
Mes il le sueffre e atent,
8200 Kar mult vuldreit le amendement.
Asez essamples i mist avant
Par quei il alat bien pruvant
Que ja chose ki reisun eit
8204 Par ceo que reisun ne ad ne iert feit.
De bien ne vendrat si bien nun,
Reinnable chose vient de reisun;
De mal sout relment bien venir,
8208 Pur ceo le deit l'um eschiwir.
Mult fud fermelé li vieillard
E mult se tint ferm de sa part;
Mult demandast, mult enquist,
8212 E de opposer mult se entremist;
E Aquila ne tarjat mie

8189 E *added to left of text*   8198 *line written after next couplet with inversion letters added in* left margin; minim erased before nient

De respundre quant vit sa fie.
Des demandes e des respuns,
8216   De lur proeves e lur reisuns
Asez avreie en purpos
De plus dire, mes jeo nen os,
Kar a mun poer me defui
8220   De dire tant que turnt a ennui.
    Quant entre sei tant parlé eurent
Que bien a tant tenir se deurent,
Dist li vieillard: 'Ne tenez mie,
8224   Beal fiz, a mal ke le vus die:
Tut seiez vus mult vaillant
E en parole entendant,
Nepurquant ne puis flechir
8228   Mun curage a el tenir
Fors que tut voist par destinee,
E senz lui ne eit rien duree,
Kar bien sai que me est avenu
8232   Tut sicum destinee me fu.
Pur ceo ne me iert ja feit a creire
Que de bien u de mal faire
Seit en nostre poesté,
8236   Kar el aver en volenté
Ne poum, ne faire chose
Si destinee ne la purpose.
E quant si est que tuz noz feiz,
8240   Seient beaus u seient leiz,
En nostre poesté ne sunt,
Mes sulung destinee vunt,
Esperance pur nient iert prise
8244   Que ja vienge le juise
Pur bon luier u malveis rendre,
Pur nient le devrat nul atendre.
Mes pur ceo que jeo ai veu asez
8248   Que vus estes bien lettrez
E bien estes entendant

250v

8224 mal tut le   8245 bien

En la art dunt nus alum parlant,
Si vus vulez, ceo que jeo sai
8252   De cele art briefment vus dirrai.'
     Aquila respunt al vieillard:
'Si parler vulez de cele art,
Clement mun frere vus respundrat
8256   Ki plus de mei apris en ad.
Asez par autre veie truis
Reisun par quei pruver vus puis
Que en nostre poesté tut avum
8260   De faire quanque nus vulum,
Kar rien ne me entremettrai
De chose dunt rien apris ne ai.'
     Quant Aquila out tant cuneu
8264   Que de cele art poi apris fu,
Clement, ki bien sout de cele art,
Chaudpas respundi al vieillard:

251r

'**B**eal pere,' ceo dist, 'demein vendrez
8268   E vostre pleisir nus dirrez,
E sulung ceo que nus orrum
Puis vus en respunderum,
Kar jeo crei que a gré pernez
8272   Ceo que vus a tels parlez
Ki de l'art ne sunt esquis
Dunt vus estes bien apris.'
     Al vieillard asez bien plout
8276   Ceo que Clement dit lui out.
Bien lur cuvint de reasembler
Le matin la pur desputer
E pur saver si estre peust
8280   Que par destinee rien feust,
U si l'um ad en poesté
De faire sulung volenté.
     Quant entre eus fud cuvenu
8284   De venir matin en cel lieu,

8269 dunc *added above* nus *as alternative*

Seint Pierre en estant se mist
E en tel furme parlat e dist:

'Mult me esmerveil de grant maniere
8288 Que de chose ki est legiere
Vuelent genz tel force faire
Cume si mult fust a cuntraire,
E tant vunt subtiliant
8292 E sentences cuntruvant
Que fort funt par mult parler   *251v*
Ceo que est par sei plein e legier,
E ceo funt cil numeement
8296 Ki par semblant sunt sage gent!
Kar de Deu ne quident el
Fors cume de un hume mortel,
E sun cunseil quident cerchier
8300 Sicume de hume ki est lur per;
E uncore menur pleit
Tienent de Deu en un endreit,
Kar ne est hume né en terre
8304 Ki autrui cunseil peust enquerre
Tant cume devers sei clos le tient
Cil de ki le cunseil vient,
Kar nuls ne poet autrui penser
8308 Senz celui kil pense saver;
Tut ausi nuls ne poet ateindre
Tant que science peusse aprendre
Dunt bien parfit e seur seit
8312 Si de meistre apris ne l'eit.
E quant si est que l'um ne poet
Saver cunseil ki de hume esmoet
Si cil avant mustré ne l'ad
8316 De ki queor li purpens vendrat,
Mult plus tart iert entendu
Li cunseil e la volenté Deu,

8296 Ka *altered to* Ki   8306 *two letters erased before* le *with* le *and first three letters of* cunseil
written on erasure

                Kar unkes hume né ne fu
8320   Ki en cest siecle eit Deu veu.
                Pur ceo ne poet nuls huem saver
                Ceo que Deus ad en sun penser
                Si Deu ne enveit le veir prophete
8324   Ki sun pleisir avant mette
                E de sun cunseil die tant   *252r*
                Cume Deu plest e nient avant.
                Mult poet estre tel trespas
8328   E tel surfeit turné a gas
                Quant l'um quide par nature
                Que Deus ad mis en creature
                Jugier de Deu e sa vertu
8332   Senz ceo que meistre en eit l'um eu.
                Mult se en poet l'um de eus gabber
                Ki par lur sens quident truver
                Ceo que ja ne porrat estre,
8336   E de ceo se funt tant meistre
                Que de quanque Deus ad feit
                Sulung tel reisun cum il seit
                Osent faire lur jugement,
8340   Dunt il sunt tut nescient,
                E dient de ses vertuz:
                "Cest est bon, e cel ne est pruz,
                Cest est petit, cel est plus grant,"
8344   E ne en seivent tant ne quant.
                Trop ad ci grant desmesure
                Quant genz ki tut sunt senz dreiture
                Osent tant de Deu jugier
8348   Ki est verais e dreiturier!
                Deus seit quanque est, e il nient,
                Partant vaut meins lur jugement.
                Li philosophe vunt mult pensant
8352   E mult paroles cuntruvant;
                Tant cuntruevent nuveaus moz
                Que l'um les deit tenir a soz!

_____

8323 *word erased after* ne   8327 tel *written on erasure*   8346 dreiture *written on erasure*

L'um ne poet lur cuntruveure
8356 Bien entendre, tant est obscure;
Tant sunt entré en subtilté   *252v*
Que tut sunt hors de verité.
La science est simple e brieve
8360 Ki vient de Deu e la achieve:
N'i ad force a l'aprendre,
Mult est legiere a entendre,
Mes nepurquant aver cuvient
8364 Del veir prophete aveiement,
Kar cil ki senz lui aprendrunt
Ja bien asensé ne en serrunt.
Li philosophe od lur sens
8368 Trestut unt perdu lur tens:
Il ne unt eu puint de guiur
E partant sunt chaet en errur;
De dreite veie sunt eissu,
8372 Dunt lur travail est tut perdu.
Mes cil la dreite veie vunt
Ki simplement entré sunt;
Cil partant ne meseirent mie
8376 Que li veir prophete les guie.
Ki cest guiur vuldrat aver
De legier le poet truver;
En quel terre que l'um seit,
8380 Si l'um se est vers lui de queor treit,
Truver le poet l'um prestement,
Kar il iert a tuz present
Ki l'apelent en busuing,
8384 Seient il pres, seient il luing.
Mes cil ki tant surquidé sunt
Que le chemin enpris unt
Senz guiur ki dreit les meint,
8388 Quanque il funt a poi ateint,
Kar Deu feit semblant de dormir   *253r*
Ki ne deinne a eus venir,
Partant que il sunt si seduit
8392 Que il ne querent sun cunduit.'

        Plus paroles i furent dittes
        Que ci ne poent estre escrites:
        Seint Pierre lung sermun i fist,
8396   Del verai prophete i dist.
        Quant sun sermun out fini,
        Tut li pueple d'iloec parti;
        Seint Pierre le vieillard requist
8400   Que herbergier od sei venist,
        Mes il ne vout, einz s'en ala
        E dist que matin revendreit la.
        Seint Pierre sa custume tint
8404   Quant il a sun ostel vint,
        Kar il e li suen mangerent
        E puis, quant tens fud, tuz cucherent.

        Seint Pierre levat matin asez
8408   Sicume il fud acustumez;
        Il s'en alat asez par tens
        En la cumpainnie des suens
        Tresque la u il eurent esté
8412   Le jur devant e desputé.
        La truverent asez genz
        Ki la furent venu bien einz,
        E li vieilla[r]d tut prest i fu
8416   Ki asez einz i iert venu.
        Tant tost cum seint Pierre le vist,
        Sulung tel guise li ad dist:
          '[D]el cuvenant suvienge vus
8420   Ki fud ier feit oiant nus!
        De Clement vus deit menbrer   *253v*
        Que vers vus deit ui parler,
        E vus devez parler vers lui,
8424   Issi fud ier pris le jur de ui.
        De destinee devez pruver

8402 *first two letters of* revendreit *interlinear addition by corrector*   8411 e *erased before*
eurent   8420 jert *with* t *deleted via thick vertical stroke in plummet (by revisor?)*
8423 deuez uers lui parler *reordered by oblique lines, with* uers *written on erasure*   8425 z
of deuez *written on erasure by corrector*

Que rien par el ne poet ester,
U pruver vus deit Clement
8428 Que destinee ateint a nient
E que en nostre poesté est
Bien u mal, lequel que nus plest.'
        Li vieillard respunt: 'Del cuvenant
8432 Bien me record e bien le graant.
Bien ensement ai retenu
Quel vostre sermun de ier fu,
Kar vus estustes ier sus
8436 Quant cuvenu fud entre nus.
De un sage hume i parlastes,
Verrai prophete le numastes;
Ja puint de ceo que l'um enquiert
8440 Senz lui, ceo deistes, seu nen iert.'
        Seint Pierre redist: 'Ceo que jeo dis
Ne avez uncore bien apris,
Mes jel vus vuil mieuz recorder
8444 Pur vus mieuz aseurer.
        Jeo parlai de la volenté
Ki tuz tens ad en Deu esté
E del cunseil que Deu prist
8448 Einz que puint de cest mund feist;
Par quel conseil e par quel sens
Deu fist le mund e mist les tens;
De la reisun que il ad en sei
8452 Par qui il establi la lei
E ad pramis divers gueredun   *254r*
Sulung la deserte de chescun,
Kar grant luier de lui avrunt
8456 Ki al bien tenir se vuldrunt,
E ki le mal avrunt choisi
Prendrunt ceo que il unt deservi:
Mal pur mal aver lur frat
8460 E peine ki ja ne finerat.
Pur nient se deust nuls huem pener

8430 que *interlinear addition*

De cest cunseil par sei truver,
Kar ne est hueme qui tant vaille
8464   Ki al truver par sei ne faille
Si il ne en eit aveiement
Del prophete ki tut entent
Le cunseil Deu e sun pleisir,
8468   E ki Deus fist en terre venir
Pur mustrer la verité
De Deu e de sa volenté.
Pur nient se en deust nuls travaillier,
8472   Kar cunjecture n'i ad mestier;
Sa entente tute pert
Ki de ceo ki a Deu afiert
Par sei quide a chief venir,
8476   Kar Deu le lest al cuvenir.
De sun asme partant faut
Que Deu de lui rien ne chaut,
Kar si li prophete ne l'enseint,
8480   Sun estudie a rien ne ateint.
Nepurquant ne vus di cest
Pur tute la rien ki el siecle est,
Kar l'um poet mult estudier
8484   E par engin asez truver
De ceo que apent a ceste vie   *254v*
Senz vertu de prophetie,
Kar enginz e arz asez
8488   E mestiers sunt cuntruvez
Par engin e par le sens
De genz ki i mettent lur purpens
Senz ceo que li verrai prophete
8492   De lur purpens sei entremette:
Engin de hume poet mult entendre,
E hume de autre poet mult aprendre.
Meis pur ceo que dit nus avez
8496   Que des esteilles tant savez
E del curs del firmament,

8463 uaillae *with second* a *expuncted*   8474 a *interlinear addition by corrector*

Par quei vus pruverez a Clement
Que tute chose est cumencee
8500   E prent fin par destinee,
E Clement pramis vus ad
Que par reisun vus pruverat
Que tutes choses par Deu sunt
8504   E sulung sa volenté vunt,
E que hume ad en poesté
De dire e faire sa volenté
Senz aver desturbement
8508   De esteille u de firmament,
E que destinee ne est rien
Par ki avienge u mal u bien,
Entre vus dous des ore serrat
8512   De dire ceo que vus plerrat.'
      Li vieillard atant respundi:
'A ceo que jeo ai de vus oi
Ne est mestier de opposiciun,
8516   Ne de muver grant questiun
Si estre poet que ceo seit veir   *255r*
Que l'um peusse seurté aveir
Par le prophete de verité
8520   De ceo dunt l'um averat duté,
E que tut en poesté eium
Quanque dire u faire vulum.
Mult me ad esmeu vostre sermun
8524   Puis ier que jeo oi la reisun
De la vertu de prophetie,
Kar ne puis leisser nel die:
Vostre sentence bien entend
8528   E senz dute bien me i asent,
E bien cunuis que senz meistre
Ne poet hume certein estre.
Jamés par sei bien ne saverat
8532   Si doctrine de aillurs ne ad,
Kar li terme e li respit

8510 *first* u *interlinear addition by corrector*   8517 ueirs *with* s *erased*

De vie a hume est mult petit,
E mult est teneve li espirit
8536 Par quei l'um en cest siecle vit.
Mes tut eie jeo pramis
De dire a Clement mun avis
De tutes les riens ki sunt el mund
8540 Cument suz destinee sunt,
U de oir de lui cument
Destinee ateint a nient,
Nepurquant tant me face
8544 Clement avantmein de grace
Que primes die sa sentence!
Kar si il avant cumence,
Par ceo que jeo l'orrai dire
8548 De respundre avrai mateire.
Kar bien cunuis, mult esbai   *255v*
Sui puis ier que vus oi
Tant parler de prophetie,
8552 Pur ceo ne sai que jeo die,
Kar bien vei que cunjecture
Jamés ne frat chose seure.
Cunjecture e asme funt
8556 Tutes les dutes que el mund sunt,
Pur ceo me preng a tel creance
Que tut veit par purveance.'

Quant tant out cuneu li vieillarz,
8560 Clement, ki saveit mult des arz,
Lui respundi tut errant,
Mes sun respuns fud lung e grant.
Ses paroles mult bien asist,
8564 Mes ne puis dire quanque il dist;
Il parlat mult ateinaument,
Mes mei le estoet passer briefment
Que genz ki l'oient ne se ennuient
8568 E partant de oir se defuient.

8535 est *interlinear addition by corrector*   8545 sa *interlinear addition*

Nepurquant ne dei leissier
Que jeo aukes ne en deive tuchier:
De ceo que il parlat al viel hume
8572   Briefment me estoet mettre la summe;
Tant en mettrai en memoire
Que peusse acorder a l'histoire:

'Deu,' dist Clement, 'ad le mund feit,
8576   Quant e cument, Deu sul le seit.
Feit est le mund cume une meisun
Ki ad duble mansiun,
E a estage est levee
8580   Pur herbergier duble meinnee,
La une aval, la autre amunt,   *256r*
Quant de une cummune ne sunt
E entre sei sunt departiz
8584   U par vaute u par plancheiz.
Sulung mesmes tel maniere
Ad Damnedeu feit ciel e terre:
La terre aval, le ciel amunt,
8588   Mes grant espace entre sei unt,
Kar ciel e terre sunt departi
Par le firmament ki est enmi.
Li angele sunt el ciel en haut
8592   U lur joie jamés ne faut,
Humes sunt mis en terre aval
U il encuntrent e bien e mal.
Mes ne sunt pers, ne de un afaire,
8596   Tuz les humes ki sunt en terre;
Tuz tens est e ad esté
Le siecle en grant diverseté.
Ne sunt tuz reis, ne tuz seignurs,
8600   Ne tuz fefez de granz onurs;
Ne tuz riches de grant aveir,
Ne tuz meistres de grant saveir;
Ne tuz lais, ne tuz lettrez,

8570 e *erased between* ieo *and* aukes

8604	Ne de un mestier tuz usez;
	Ne sunt tuz gramariens,
	Ne tuz dieleticiens;
	Ne sunt dé set arz tuz apris,
8608	Ne tu[z] a mettre a un pris;
	Ne seivent tuz terre guainer,
	Ne tuz peschier en cele mer;
	Ne sunt tuz fevres, ne enginnurs,
8612	Ne tuz a us a granz laburs;
	Ne tuz povres, ne tuz puissanz,
	Ne de granz chatels tuz mananz.
	Ne est hume en terre ki tut sace,
8616	Ne ki eit en sei tute grace,
	Mes chescun est de l'art apris
	U il ad sa entente mis.
	Nuls ne porrat estre rei
8620	Si il ne en ad genz desuz sei;
	Ki seignurie nule ne ad
	Seignur estre ne porrat.
	Rei e seignur de nient sunt
8624	Ki desuz sei gent nen unt
	Ki seient a lur cumandise
	E ki tiengent lur asise.
	Li mund partant est tut divers
8628	Que tuz humes ne sunt pas pers;
	Divers mestiers tut ensement
	Ad Deu purveu entre gent
	Que ne se tiengent en usdive,
8632	Mes chescun querge dunt il vive
	Par sei meismes travailler
	E par user leal mestier.
	Kar tuz lé mestiers que genz funt
8636	Cuntruvé pur busuing sunt,
	Pur sustenir nostre nature
	Par beivre e mangier e vesture,

256v

8604 z *of* tuz *written on erasure*   8608 tuz *with* z *erased*   8624 u *of* de suz *written on erasure*

Senz ki hume ne poet vivre,
8640 Ja tant ne seit pruz ne delivre;
Kar si hume vivre peust
Senz traveiller u aver cust,
Ja tanz mestiers truvé ne fussent,
8644 Kar genz entendu tant n'i eussent.
De ceo vient que l'um travaille   *257r*
Pur vesture e vitaille;
E quant hume avant ne poet
8648 Mes que travailler le estoet,
Lores asez se pruverat
De quel purpos il serrat
Quant Deu force ne lui feit
8652 Par quei il desturbé seit
De tut eslire e choisir
Ceo que lui mieuz vient a pleisir.
Pur ceo que sun gré tut pert
8656 Ki a force e ennviz sert,
E que l'um ne sout preiser
Celui ki sert par estuver,
Force faire ne veut Deu,
8660 Mes asez dune tens e lieu
De tut purposer e eslire
Quanque l'um veut faire e dire.
E quant hume met en oes
8664 Ceo que il ad eu en purpos,
La uverainne, quant vient avant,
Feit le purpos tut parisant,
Kar ki pur feim u pur sei
8668 U pur freit veit cuntre lei,
E veit querant sa guarisun
Par estre robur e larun,
U homicide u parjure
8672 U el que turnt a desmesure,
Cil proeve asez que sun curage
Est tut hors de dreit estage
Quant par sa fole volenté
8676 Se prent a la malveisté.

E ki sun purpos en bien met   *257v*
E aime dreit e le tort het,
E sa entente ad asise
8680   En dreiture e justise,
De sun leal travail se pest
E quiert dras dunt il se vest,
E feit sun mestier lealment
8684   Par quei il sun estuver prent,
Cil mustre bien ke de grant sens
Vient sun cunseil e sun purpens:
Celui tient Deu pur sun ami
8688   Partant que il ad le bien chosi.
Li autres est a Deu cuntraire
Ki ad chosi de mal faire:
Asis en mal ad sun purpos,
8692   Pur ceo le met Deu ariere dos.
Un prince plein de felunie
Ad cest siecle mult en baillie;
De la sue meidné sunt
8696   Tut cil qui ascient mal funt.
Cil prince lur avué est,
Kar il funt ceo que lui plest;
Cil prince les met en errur,
8700   Sis forstreit de lur Creatur.
Il les enginne e deceit
E[n] quanque il lur dit u feit;
Des esteilles les feit quider
8704   Que en lur curs seit tel poer
Que tut le mund par lur curs voist
E par autre rien ne estoist,
E que rien ne est sulung reisun
8708   Si sulung destinee nun.
Tuz ces ki creient tel folie   *258r*
Tient cil prince en sa baillie;
En pechié les feit gisir,
8712   Si nes sueffre repentir,
Kar pur tolir repentance
Mis les ad en mescreance

Que Deu del siecle ne prent cure,
8716 Mes tut veit par aventure.
Partant se vuelent escuser
Pur aver leissur de pechier,
Mes ki ceo creient sunt deceu,
8720 Kar Damnedeu en unt perdu
Partant que a celui se sunt pris
Ki est sis mortels enemis.
        Del mund veium apertement
8724 Cum mult ad de variement;
Si grant est la diverseté
Que poi i ad de uelté.
Tuz ne sunt pas parigaus:
8728 Li uns sunt bons, li autre maus,
Li uns sunt hauz, li autre bas,
Li uns sunt megre, li autre gras,
Li uns sunt joefne, li autre vieil,
8732 Li uns sunt feinz, li autre fedeil,
Li uns sunt povre, li autre riche,
Li uns dit veir, li autre triche,
Li uns est sire, li autre serjant,
8736 Li uns est usdif, li autre uvrant,
Li uns achate, li autre vent,
Li uns dune, li autre prent,
Li uns quiert un, li autre el,
8740 Tel est ceste vie mortel.
Tute ceste diverseté   *258v*
Avient sulung la volenté
U de Deu u de hume,
8744 Kar Deu tut purveit e asumme,
U il sueffre quantque avient
Senz destinee, kar ceo est nient.
Issi le veut Deu, e ad purveu
8748 Que un par autre seit sustenu:
Li busuinnus par le manant,
Li meins fort par le puissant,

8726 ulelte   8746 ne *scored through and expuncted between* ceo *and* est

Li bas par le suverein,
8752   Li meseisé par le sein,
Li meins cuinte par le sage,
Li juinnur par hume de eage.
Tut ausi li menestriers
8756   Sustienent ces par lur mestiers
Ki ne unt lur entente mis
Tant que aeient mestier apris;
Ceo que un travaille pur guainer,
8760   Un autre achate u rend luier.
Tel est le curs, tele la custume,
Sulung ceo curt la vie a hume:
Deu ad purveu que issi seit
8764   Senz ceo que force faite i eit,
Pur justise, pur dreiture,
E pur guarder partut mesure
Que chescun a autre seit aeidant
8768   E bon amur e fei portant.
Ja par esteilles, ne par el
Ki seit en terre u en ciel,
Desturbance n'i avrat
8772   Que ceo ne seit que Deu plerrat.
De bien amer e dreiture   *259r*
Nus cundune nostre nature:
Ne est mestier que nuls se feinne,
8776   Kar nature nus enseinne
Que feit a faire, que leisser
Si bien nus vulum purpenser.
Kar nature cundune bien
8780   Que un a autre ne face rien
Fors ceo que il veut que l'um lui face
E dunt il eit e gré e grace.
Sur tutes riens fei e amur
8784   Deit porter a sun Creatur
Ki de nient le ad mis a tant
Que sa ymage e sun semblant

8780 hume *added above* un *as alternative;* autre na face

Ad mis en lui, e tel le ad feit
8788 Que onurer tuz tens le deit.
De l'escuser ateint a nient,
Kar de dreite nature vient
De Deu servir e Deu amer,
8792 De bien faire, de mal leisser,
E que chescun aeimt sun proesme
E cunseilt sicume sei meisme.
Ne estoet ja hume aler avant,
8796 Suffire li poet si il feit tant,
Kar ki siut ceste menure
Asez se tient en sa nature.
Mes partant que li plusurs
8800 Se sunt turné a reburs
E tant desnaturé se sunt
Que le bien leissent e mal funt,
Deu lur Seignur unt guerpi
8804 Pur servir le Deu enemi,
Si se tienent par male vie   *259v*
Od le prince de felunie.
Deu, qui mult est deboneire,
8808 Pur les suens a sei retreire
Asez ad dit e feit asez,
E tanz essamples ad dunez
Que cil ki sunt de lui parti
8812 Bien deussent repeirer a lui.
Mes li prince de malice
Les retreit e tient en vice;
Ne veut que il eissent de pechié,
8816 Tant ferm les tient a sei lacié,
Partant avrunt od lui turmente
Quant il ne changent lur entente.
      Sicum estuppe esuee,
8820 Quant de peiz est engluee,
Tant tost cum est el feu mise

8793 *first* e *of* proesme *interlinear* addition   8801 desnature sunt *with* se sunt *added to* *right of text*   8811 partez *with* z *and part of* e *erased*

De legier i est esprise,
De pechié tut ausi veit
8824 Quant hume de Deu se retreit:
Sicume la peiz la estuppe englue,
Tut ensement pechié malue.
Hume ki pur cuveitise
8828 Guerpist dreiture e justise,
Cil de legier iert espris
Del feu de Enfern quant la iert mis.
E sicume estuppe muillee
8832 Ne poet estre engluee,
Tut i seit la peiz mis sure,
Kar defens ad par la muillure,
E ne prent pas de legier,
8836 Tut seit mise el brasier,
Tut ausi hume baptizié   *260r*
Ne iert pas englué par pechié,
Ne del feu avrat blesmure
8840 Ki tuz tens art e tuz tens dure
Tant cum il tendrat en sei mesme
La muillure de baptesme.
La neissance mult haute fu
8844 Dunt nus tuz sumes descendu,
Mes par le feu de cuveitise
Est la neisance mult bas mise.
Pur esteindre le chalur
8848 De cel feu qui est tant dur,
Deus ad purveu le baptesme
Cuntre le feu ki est si pesme
Que par le ewe de baptistere
8852 Perde li feu sa mateire;
Kar tel force e tel vertu
Ad Deu al baptesme purveu
Que cil kil receverunt
8856 Nuvele neisance en avrunt,

8831 muilliee *with second* i *expuncted*   8841 mesure *altered to* mesme, *which scribe repeats in right margin; alteration also rewritten by corrector*   8856 en *interlinear addition by corrector*

Kar cele vieuz nativité,
Ki des grant antiquité
Perdue fud e degetee,
8860 Par baptesme est recuvree.
Ki baptesme receverunt
E lealment le guarderunt
Fiz Deu serrunt par ceo meisme,
8864 Tel est la vertu del baptesme.
       Mult ad choses ki proeve funt
Que tutes les riens ki sunt el mund
Ne vunt par el si par Deu nun,
8868 Ki el en quide est senz reisun.
       Une chose est mult usee   *260v*
E partant est mieuz pruvee:
Ceo est pour, ki mult avient,
8872 Suvent de aukes, suvent de nient,
Kar ne est hume ki pour ne eit
Aucune fie de que que seit.
       Li riche rei e emperur
8876 Ne sunt unkes bien seur:
Tuz tens de perte pour unt,
Partant relment en seurté sunt.
       Cuntes, baruns, chivaliers,
8880 Tut seient il fors e fiers,
De curucer unt nepurquant
Le rei, lur seignur, pour grant.
       Quant rei u prince banist sun ost,
8884 Tuz se aprestent e vienent tost:
Nuls ne l'ose surseer,
Tuz unt pour de trop targier.
E quant sunt asemblé tuz,
8888 Tut seient il hardiz e pruz
E pur cumbatre tuz armez,
Tant nepurquant ne sunt osez
Que senz le gré de lur guiur
8892 Enprengent de entrer en estur.

8878 Part tant

Tut ensement ces ki sunt serfs
Bien suvent unt plus durs les nerfs,
E plus force e plus valur
8896   Unt en sei que lur seignur,
E nepurquant ne sunt tant os
Que rien mettent ariere dos
U trespassent a lur escient
8900   De ceo dunt unt cumandement.

Mult est grant la cuveitise   *261r*
Ki tut cest siecle ad purprise,
E si ne fust la grant justise
8904   Ki pur les malveis est asise,
Chescun a autre toudereit
Tut a force ceo que il avereit.
Mes pur les leis que mises sunt
8908   Les uns as autres meins mal funt;
De mal faire unt pour
Pur le jugement ki ensiut dur.

Tut ausi veit de sauvagine,
8912   Bestes ki vivent de ravine:
Tut seient de grant cruelté,
Asez veium suvent danté
Le chameil e le olifant,
8916   Tut seit le un e le autre grant;
E le bugle e le leun,
Tut seient il fier e felun,
E autres bestes sout l'um danter
8920   Dunt trop lung serreit a cunter.
Sauvagine sout privee estre
Par aver sur sei tel meistre
Ki par pour e par duresce
8924   Bien la tienge en destresce.

Ne est mestier de essamples querre
De hume e beste ki sunt en terre;
Ne est mestier de trop penser
8928   Quant l'um poet tant reisuns veer

8900 dunt eu cumande*m*e*nt*

Ki asez funt aperte proeve
Tant que ne estoet faire cuntru[e]ve.
Guardez la terre cument se tient
8932 Quant tant porte ki la sustient;
Quant ele trenble, bien feit semblant *261v*
Que ceo lui vient de pour grant;
Partant bien mustre que Deu redute
8936 Quant ele se escut par terremote.
    La mer amunte e retreit,
Tant cume Deu veut, avant veit;
Li pleisir Deu veit e revient,
8940 Ultre ceo ne passe nient.
    Li angele Deu, ki el ciel sunt,
Peis e cuncorde entre sei unt;
En bone fei e bone amur
8944 Bien servent Deu, lur Seignur.
    Tut le curs del firmament,
E des esteilles ensement,
E les pluies e les orez
8948 Tut sunt par Deu ordenez.
    Deables de Enfern, ki fei ne amur
Ne portent a lur Creatur,
Tant le criement nepurquant
8952 Que il ne osent passer sun cumand.
Bien funt semblant de Deu duter
Quant il ne l'osent aproscer,
Mes s'en vunt tuz tens fuiant:
8956 Quel pour il unt bien pert partant.
Ne est mestier de lung sermun,
Ne de trop aler envirun
Pur plus proeves mettre avant,
8960 Kar ki bien veit esguardant,
Que sur terre, que vers le ciel,
Que en mer, que aillurs le un e le el,
Bien verrat que creature
8964 Ne change puint de sa nature:
En dreit estat partant se tient *262r*
Que Deu redute dunt ele vient.

> Bien est chose parisante,
8968   Partant que pour tient e dante
> E desturbe e feit retraire
> Humes e bestes de mesfaire,
> Que mieuz retraire poet e deit
8972   Hume sei meisme de mesfeit,
> Que pur amur, que pur onur,
> Que pur dute del Creatur,
> Kar hume ad bien en poesté
8976   De tresturner sa volenté
> E de leisser que rien ne face
> De quanque il quide que Deu hace.
> De Deu tel pour deit aver
8980   Que si Deable lui met en quer
> Chose ki seit a Deu cuntraire,
> Bien se en deit pur Deu retraire,
> Kar si il veut, leisser le poet,
8984   Ja pur Deable feire ne l'estoet.
> Bien semble que ceo reisun seit
> Que hume de Deu tel pour eit
> Par quei tuz tens se tienge al bien
8988   E cuntre Deu ne face rien
> Quant li Deable, dunt tut mal vient,
> Deu redute tant e crient
> Que tant mal feire ne est pas os
8992   Cum il avreit en purpos.
>   Vostre requeste feit vus ai,
> Kar dit vus ai ceo que jeo sai.
> De respundre ore sur vus est,
8996   Si nus dirrez ceo que vus plest.'

> **Q**uant Clement tant dit aveit   *262v*
> E plus que escrit ici ne seit,
> Li vieillard lui ad respundu
9000   Ki bien le aveit entendu:

8967 Bien *written on erasure and* e *of* est *rewritten by corrector*   8972 sur[feit] *added above* mesfeit *as alternative*   8980 queor   8995 uust est

'Mustré,' ceo dist, 'mult sagement
Ad sa reisun mun fiz Clement;
Tant sunt beles ses reisuns
9004 Que ne est meistier de respuns.
De quanque ad dit ceo est la summe
Que nature asise a hume
Tel franchise en sei ad
9008 Que de mal tenir se porrat
E repoet biens faire asez
Si li queors i est turnez.
En sa volenté trestut est
9012 E en sun chois quanque lui plest;
Ne del faire, ne del leisser,
N'i ad force ne desturbier.
Tut i eit del mal mateire,
9016 Bien se poet l'um del mal retraire,
E de ceo met essample avant,
Kar l'um se veit mult retraiant
De mal faire pur pour,
9020 Kar nuls ne est tuz tens seur;
E quant l'um entre en penser
De rien que peusse a mal turner,
Senz trop estre travaillié
9024 Poet l'um leisser le pechié
Par le Deable de sei chacier
Ki met a hume mal en quer.
    Ceo en est la summe, mes nepurquant,
9028 Tut seit sa reisun asez grant,
Ne puis changer ma entente,   *263r*
Ne tant flechir que a lui cunsente,
Kar jeo me sui mult aparceu
9032 Partant que me est avenu
Que bien e mal, quant l'um le feit,
Par les esteilles vient e veit:
De la cumence e esmoet,
9036 Senz estoertre faire le estoet.

9002 Aad *with second* a *expuncted*

De la surt tute la mateire
De homicide e avulteire,
E tut ausi de la vient
9040 Si femme chaste e bien se tient;
E si ne se est bien guardee,
Ne deit estre pur ceo blasmee,
Kar ne poet mes si ele ceo feit
9044 A quei sa destinee la treit.'

Entur cest dist li vieillard mult,
Mes ne sui eise de dire tut,
E poi en surdreit de profit,
9048 Tut le meisse en cest escrit,
Kar sa sentence i mustrat
E des planetes mult i parlat.
Il les numat tuz par nun,
9052 Set i ad: li soleil est un,
Puis la lune, Jupiter, Venus,
Mars, Mercurius e Saturnus.
Tut bien e mal vient de ces set,
9056 Par eus veit tut e de eus esmoet:
Seit hume oscis u autre oscie,
U seit plein de trecherie,
Seit iveruine u lechur,
9060 U seit desvé u malfeitur,
Dé set planetes trestut surt,
E par ces set, ceo dist, tut curt.
Tutes les diversetez
9064 E tutes les qualitez
Que hume e femme en sei unt,
E quanque il dient, e quanque il funt,
E trestutes aventures,
9068 Seient moles, seient dures,
Par el ne poent avenir;
A el, ceo dist, ne pout tenir.

263v

9044 la *altered from* sa *with* la *repeated to right of text by corrector*   9059 juereruine

Quant il out parlé lungement,
9072   Lores lui respundi Clement:

'Mult avez bien parlé, beal pere,
De ceo que apent a la mateire,
Mes la reisun le cundune
9076   Que des ore vus respune,
Kar [de] la art dunt vus parlez
Ai jeo esté mult usez.
De od vus parler me vient a gré,
9080   Kar jeo vus vei asez lettré
Sulung ceo que dit avez;
A mun respuns bien entendez,
Kar bien vus puis reisun mustrer
9084   Par ki jeo quid asez pruver
Que destinee pas ne avient
Par esteilles, kar ceo est nient
Que de planete surde rien
9088   Ki turnt a mal u face bien,
Kar ki bien veut porrat bien faire
E bien se poet de mal retraire.
Kar ki se veut a Deu turner
9092   Asaut de Deable poet surmunter,
Kar, sicume des einz vus dis,
Mult ad genz ki feissent pis
Que il ne funt si pour ne eussent
9096   Que od lur mesfeit ateint fussent.
Pur la grant pour que genz unt
De Deu e de humes meins mal funt
E de mesfeire se retreient,
9100   Kar pour unt que ateient ne seient.
Chescun pais ad ses leis
Ki asises sunt par reis
U par princes ki unt esté
9104   U sunt uncore en poesté.
Mult ad leis e mult custumes
Ki sunt asises par hauz humes:
Chescun pais ad sun usage,

264r

9108   Kil trespasse chiet en damage.
           Un pais est al chief del mund,
         E les genz ki la mananz sunt
         Seres unt nun, e unt tel lei
9112   Que bel se portent entre sei.
         Ne soelent ideles aurer
         En cel pais, ne temple aver;
         La ne est manant robur ne lerre,
9116   Ne femme de sun cors legiere;
         Ne est hume nul ki unkes seust
         Que homicide feit i fust;
         N'i sunt avuiltere femme ne hume.
9120   Tels sunt les leis, tel la custume
         Que tut le pais veit guardant,
         E ne poet estre nepurquant
         Que la ne seient les esteilles
9124   Dunt vus dites que les merveilles
         E les maus ki sunt en terre   *264v*
         Par eus unt surse e mateire.
         En ceo pert bien que plus force unt
9128   Les leis ki la asises sunt
         Pur faire la gent de mal retraire
         Que les esteilles ne unt del faire.
           La terre de Inde est lunge e lee,
9132   E la read une cuntree,
         Battras ad nun; granz genz i sunt
         Ki entre sei leis propres unt.
         Cil sunt Bragmanni apellé,
9136   E de grant antiquité
         Tuz tenz se tienent as asises
         Que lur ancestres i unt mises:
         Nuls huem autre la ne oscit,
9140   Ne ja pur charnel delit
         Avuilteire ne iert la feit,
         Ne hume veu ki ivre seit.

9109 *letter erased before* al   9117 nul *interlinear addition by corrector*   9118 f *of* fust *reformed from* e *with* fust *repeated in right margin*

Il ne aurent idele nul,
9144 Mes se tienent a Deu sul.
Issi vivent e manjuent
Que pur manger beste ne tuent;
Puint de mal ne unt entre sei,
9148 Mes unt bien, tele est lur lei.
En la terre devant numee
Ki est Inde apelee
Read un autre regiun,
9152 Mes ne ai rien truvé de sun nun.
Cil qui meinent la entur
Mult sunt malveis herberjur,
Kar les ostes ki a eus vienent
9156 Tuz les pernent e retienent;
Cruels sunt quant il les tuent
E gluz quant il les manjuent.
Les genz de Perse tel us unt
9160 Que mariages a vué funt;
La espuse le fiz sa mere,
E surur se prent a sun frere,
E li pere sa fidle prent
9164 Si ele lui vient a talent.
Cil de Perse ki si funt
Hors de lur pais suvent vunt,
Mes pur changer lur pais
9168 Ne changent le us que il unt apris.
Une gent sunt — Geli unt nun —
En bien luinteine regiun:
La vunt les femmes as charrues,
9172 Ne tienent pleit de estre vestues,
Ne que seient atiffees
Sulung le us de autres cuntrees;
Ne pernent guarde de uinemenz,
9176 Ne bien seanz chaucemenz.
Eles funt les uveraines,
Mult sueffrent travailz e peines;

265r

9156 recieuent

Tut funt les femmes en la terre
9180 Quanque les madles deussent feire;
E quant vulent aver haant de hume,
Sulung lur lei e par custume
Asez haanter se lerrunt
9184 De quel hume que eles vuldrunt.
Mes tuz ces plus cheri unt
Ki estranges e ostes sunt:
A eus se asentent volentiers,
9188 Kar plus les eiment e unt chiers
Que les madles de lur pais,   *265v*
E ja pur ceo ne ierent repris
Par madle ki del pais seit
9192 Que malement en eient feit.
Li madle de cele terre
Funt des femmes le cuntraire,
Kar il se funt mult bel peinner
9196 E de beaus dras bel atiffer:
Aurné sunt de or e de argent
E bien se enuinent de uinement;
Forz sunt de cors e bons venurs
9200 E mult sunt aspres en esturs.
      De cest us mult se diverse
Un grant pais ki est en Perse:
Susis ad nun cel pais,
9204 La sunt femmes de grant pris;
Mult se peinent de estre beles
E de sei guarder tuz tens teles.
Mult guardent bien lur chevelure
9208 E tant se chargent de vesture
Que ne en poent tut porter,
Dunt lur estoet aie aver,
Kar lur anceles od eus vienent
9212 E lur vesture lur sustienent;
Mult se atiffent la les femmes
De or e de argent e de gemmes.

9201 Ce cest   9214 *two letters erased before second* e

Ki que lur plest haanter se funt,
9216 E de si feire cungié unt:
Ostes, serfs, estrange gent
Tuz receivent cumunement.
De lur baruns n'i ad ja gruz,
9220 Kar la custume seivent tuz;
Lur baruns nes blasment mie, *266r*
Kar eles unt la seignurie.
    Es foreins pais de Orient
9224 Sunt manant un autre gent.
Tele est lur lei que si vadlet
A si grant vilté se met
Que cuntre reisun de nature
9228 Tient sei meismes en ordure
Tant que se face defuler
Cume femme de mestier,
Ses parenz meismes le prendrunt
9232 Quant la verté bien en savrunt:
A mort le mettrunt senz delai,
Del parenté ne tendrunt plai;
Tant nel vuldrunt onurer
9236 Que il le sueffrent enterrer.
    Un autre pais est aillurs
U les leis vunt mult a reburs,
Kar l'um i prent les juvenceaus
9240 Ki sunt de cors e genz e beaus;
L'um les livre a mari
Sicume l'um feit les femmes ci,
E ja n'en iert chalenge feite,
9244 Ne reproesce, ne retreite.
    En la cuntree as Bretuns
Ad une femme plusurs baruns.
    En la terre ki Parche ad nun
9248 Unt plusurs femmes un barun.

9222 uunt; mesterie *added after* seignurie *as alternative*   9225 lur lur *of which second cancelled by underlining*

Amazones ne unt nul barum,
Entre eles ne ad si femme nun;
Ne sueffrent madle entre sei,
9252   Tele ad esté, pose ad, lur lei.
Tut le an se tienent chastement   *266v*
Tresque le equinocce vient
Ki est el tens ki veir ad nun;
9256   Vers fin de marz, en tel seisun,
Hors se mettent de lur terre
Tut sicum voisent feste querre.
Es pais ki envirun sunt
9260   U madles meinent, feste funt;
Li madle ki la sunt manant
Bien cunuissent lur semblant,
Bien cunuissent lur custume
9264   Que la vienent pur haant de hume.
Les madles a lur feste vienent
E od les femmes feste tienent:
Des femmes funt lur volenté
9268   Ki pur el n'i sunt aresté.
Quant les femmes unt cunceues,
En lur pais sunt revenues,
E quant vient a l'enfanter,
9272   Les femeles funt guarder;
Les enfanz madles tuz remuent,
Ne sai pur veir si eles les tuent
U si aillurs les enveient
9276   Que fors del pais nurri seient.
Tant seit l'um bien que neis de un
Ne avrunt ja cumpassiun
Tant que peusse repeirer
9280   E od sa mere demurer.
    La gent de Mede par custume,
Quant en la terre vient hume
Ki seit si turné a la mort
9284   Que de vivre n'i eit resort,

9258 fquerre *with* f *expuncted*

Tant ne lui dunent de respit *267r*
Que rendre peusse le espirit,
Mes tut vif a chiens le ruent
9288 Ki l'estranglent e manjuent.
    La gent de Inde bien attendent
Que lur malades la aume rendent,
Mes lur cors ardent quant morz sunt,
9292 E ceo par custume funt.
Les espuses, par grant amur
Que eles unt eu vers lur seignur,
Se puroffrent que arses seient
9296 Od lur baruns que chiers aveient.
La gent del pais bien le sueffrent
Quant les femmes se puroffrent;
Mult sunt foles e cheitives
9300 Quant eles se leissent arder vives.
    Germani resunt une gent,
Cil se pendent mult suvent.
    Mult ad genz ki a lettrure
9304 Ne unt entente mis ne cure,
Kar tels genz sunt e tel pais
U unkes clerc ne fud apris.
    Mult ad cuntrees e pais
9308 Sur mer e aillurs luing asis
E idles encloses de la mer
U unkes ne vint muneer,
Ne charpentier, ne enginnur,
9312 Ne poete, ne peintur,
Ne clerc apris de geometrie,
Ne ki escrive tragedie.
    Ki bien esguarde ces afaires,
9316 Quant tels sunt e si cuntraires,
Bien lui dirat sa reisun *267v*
Que ceo ne est si fable nun
Que destinee eit vertu
9320 Dunt peusse surdre mal u pru,

9289 J *of* Jnde *written on erasure*

E des esteilles ensement
Bien verrat apertement
Que ne unt force ne vertu
9324 Fors sulung le pleisir Deu.

Asez pert bien que destinee
Rien ne vaut quant ne ad duree
En la terre u Seres sunt
9328 Ki homicide ja ne funt,
Quant un sul de eus ne poet mener
Tant que ses leis vuille leisser.

    Quant li Bragman e li Persant
9332 Tut ausi vunt lur leis guardant,
Mult est fieble destinee
Quant tant ne se est efforcee
Que Bragmans face char mangier
9336 E les Persanz lur us changier
Tant que pere e fiz se dantent
E fidle e mere mes ne hantent.

    Des autres terres ausi veit
9340 Ki en essample sunt ci treit:
Destinee ne poet tolir
Que ne vuillent tuz tens tenir
Les asises e les curs
9344 Que mis i unt lur ancesurs.

    Mult ad tens que cumencerent
Cil ki primes leis dunerent;
Mult unt puis leis esté changees
9348 E custumes remuees,
Kar suvent defunt li derain   *268r*
Ceo que firent li primerein.

La sage gent par grant purpens
9352 Changent les leis sulung les tens.
Ne l'ad pas le siecle en sei
Que tuz guardent une lei,
Ne que tuz tens seit tenu
9356 Quanque jadis establi fu.
La gent de ore ne unt le poer
Ne la force de tut guarder,

Partant avient asez suvent
9360 Que l'um en feit remuement.
    Un essample mult prest nus est
Ki grant proeve feit de cest,
E partant que a l'uil le veum,
9364 Bel desdire nel poum.
Guardez quels leis e quanz tresturs
Unt feit suvent les emperurs
Ki de Rume seignurs sunt
9368 E ki unt cunquis tut le mund,
Kar tant tost cum il unt cunquis
E surmunté lur enemis,
Tut les funt changer lur custume
9372 E tenir sei as leis de Rume:
Tut a force changer estoet,
Destinee tenir nes poet.
    Les esteilles de tanz pais
9376 Cum par les Rumeins sunt cunquis
Mult de lur force unt perdu
Quant la gent ne unt meintenu
Tant que lur leis peussent tenir
9380 Senz autres sur sei recuillir.
    Plus uncore vus vuil dire
Que bien par reisun deust suffire.
Tuz li Jueu unt une lei
9384 E cele guardent entre sei;
Moyses la lur dunat
Sicume Deu lui enseignat.
En cele lei lur est asis
9388 Que tuz seient circumcis;
Circumcis sunt en enfance
A l'uitime jur de lur neisance.
Cele lei unt si guardee
9392 Que ne poet estre tresspassee,
Kar tuz lur fiz, quant uit jur unt,
Senz delaer circumcis sunt:

268v

9390 vitine

Ceste lei ne iert ja hastee
9396   Tant que einz le jur seit cumencee,
Ne ja tant ne iert delaee
Que avant del jur seit respleitee.
Mult ad terres e mult ad lieus
9400   U manant sunt asez Jueus,
Mes u que il eient manantie,
Ceste lei ne passent mie.
Li Sarazin e li paen
9404   De ceste lei ne tienent rien:
Ja circumcis ne en iert un de eus
En la maniere as Jueus,
Tut seient tuz en un pais
9408   Manant, u neis en un purpris.
        Le samadi tut ensement
Guardent Jueu cumunement;
Si bien se guardent tut cel jur
9412   Que tut respleitent lur labur.
Tant ne vuelent cel jur uvrer
Que vuelent vendre u achater,
U feu feire, tut face freit,
9416   U que viande quitte en seit,
U el faire que a tant ateinne
Que cunté seit a uverainne.
Mult se peinent en tuz lieus
9420   Del Sabat guarder les Jueus,
Mes autres genz ki mananz sunt
Ensemble od eus lur laburs funt.
Le samadi funt uverainne
9424   Cum autre jur de la semeinne;
Ne tienent plai de cele lai
Que Jueu tienent entre sei.
        Destinee ad mult perdu
9428   De sa force e sa vertu,
E les esteilles tut ausi
De lur dreit curs unt mult failli
Quant genz mananz en un pais

269r

9432 Ne funt tuz guarder une leis,
Mes unt lur leis e lur afeires,
Les uns as autres mult cuntraires.
  Pur tut l'autre mieuz enclorre
9436 Une rien dirrai uncore
Que mieuz seez aseurez.
  Set anz a peine sunt passez
Puisque genz de tut le mund
9440 A Jesu Crist cunverti sunt
Ki est prophete veirdisant
E dreiturier e tutpuissant.
  De la terre de Judee
9444 Venue en est la renumee;
Mult se sunt genz vers lui treit
Pur les vertuz que il ad feit.

269v

  Partant que en unt veu e oi,
9448 Lur paenissme unt guerpi:
Leissé unt lur fol usage,
Cum de malveis mariage;
Avuilteire leissié unt,
9452 Si se guardent que mes nel funt;
Tute lur fornicatiun
Unt leissié par religiun
E par sul le enseignement
9456 Del prophete dunt tut bien vient.
  Le mandement est ja venu
De seint Thomas, le apostle Deu,
Ki en Inde veit preechant
9460 Cument il veit la espleitant.
  Il ad enveé sun escrit
Par quei sun estre mande e dit:
Tant ad en Parche ja preechié
9464 Que la gent unt mult leissié
De plusurs femes haanter la
Sicum il soelent faire ja,

9432 uns *with* s *partially erased and interlinear* e *added* 9441 ue *expuncted between* est *and* prophete 9465 *minim erased before* haanter

E mult se vunt ja retraiant
9468   Cil ki en Inde sunt manant
De lur malades a chiens geter
E de mere u fidle haanter,
E li frere de fol amur
9472   Se retreit vers sa surur.
E les femmes de Susis,
Ki tant furent foles jadis
Que tuz ces hanter se leisserent
9476   Ki mieuz lur atalenterent,
De la folie se retreient   *270r*
Que tant en us aver soleient.
De destinee ne vient ceo pas,
9480   Mes feit de Deu e seint Thomas
Ki par sa predicatiun
Les met en tele religiun.
Bien vus deit tut ceo suffire
9484   Sen plus parler de tel mateire:
Si mis i avez vostre sens
E guardez les lieus e les tens,
De tut cest prendrez cunjecture,
9488   Si bien i mettez vostre cure,
Quant pur sule renumee
Ki est venue de Judee
Del prophete ki est venuz
9492   E ad feit seignes e vertuz
Sunt genz asez ja cunverti
Ki lur fol errur unt guerpi
E desirent de grant maniere
9496   Que venir deive seint Pierre
Pur eus acerter de celui
De ki vertuz tant unt oi.
      Uncore dirrai une chose
9500   Pur parfeire tel parclose
Que plus dire n'i seit mestier,

9468 Mede *added above* Jnde *as alternative*   9493-94 *see note*

Ne pur plus proeves traveillier.
   Par grant reisun e grant dreiture
9504   Ad Deu feit hume e sa nature;
Bons est Deus, e bon le ad feit,
E el que bien ne vout que eit.
   Cument dunc porrat ester
9508   Tant que bien peusse acorder
Que destinee eit mise puis   *270v*
Pur cuntraires e pur ennuis
E pur traire a pecchié
9512   Celui qui pur bien est crié,
E puis en prendrat vengement
De quanque averat feit malement?
   Ceo ne poet estre par reisun
9516   Quant Deu ne veut rien si bien nun,
Kar de ceo sumes tut seur
Que damagié ne iert ja pechur,
Ne ja peine ne sufferat
9520   Fors pur le mal que feit avrat
E dunt retreire se porreit
Si entremettre bien vuleit.
   Deu cunuist hume e sun poer
9524   E que il poet faire e quei leisser;
En cest siecle pur ceo rent,
E frat en l'autre ensement
A chescun hume gueredun
9528   Sulung deserte de chescun.
En cest siecle prent Deu venjance
De ces ki ne unt Deu en menbrance,
Mes en ubli le unt trestut mis
9532   Sicum le mund le fist jadis
Ki peri tut einz que il seust mot
Par survenue del Grant Flot.
   Tut cil ki furent dunc néez
9536   Ne furent pas en un tens nez,

9502 *second* i *of* traueillier *interlinear addition*   9510 s *of* cuntraires *inserted by corrector*
9516 rien *interlinear addition by corrector*

E nepurquant tuz en un jur
Mort i suffrirent senz retur;
Nuls ne pout autre la sucurre
9540 Quant tuz neerent a un' ure.
Ne vint pas de destinee   *271r*
Que tant de gent i fud nee[e]
Quant a une ure ne nasquirent
9544 Ki a une ure tuz perirent.
Ceo ne est si folie nun,
E turne a grant abusiun
De dire que mal' aventure
9548 Avienge a hume par nature,
Mes quant les pechiez avant vunt,
Peines grieves ensiwerunt.
Partant estoet estre purveu,
9552 Si nus vulum nostre salu,
Que peine mettum de saver
Ceo que mestier nus poet aver,
Kar quant vendrat a reisun rendre
9556 U chescun deit sun luier prendre,
Ki bien ne seit, bien n'i prendrat,
Ja Deu nel cunuisterat:
Cuneu n'i iert ki ne seit rien,
9560 Pur nient i iert, n'i avrat bien.
Mes del mal e del cuntraire
Que destinee devreit faire,
Sulung ceo que dit avez,
9564 Trop a fes i iert chargiez,
E que dedens e que par defors,
Que en la aume e que el cors;
Tant lui currunt deable sure
9568 Que ne se porrat de eus rescurre
Si de Deu ne eit guarde prise
E pur pour del Deu juise
Mette peine de cuntrester

9560 at *of* aurat *inserted on erasure with* aurat *repeated in right margin*   9567 acurrunt
with a *erased*

9572	E mal desir de sei oster.
	Treis choses sunt ki en errur *271v*
	Treient hume, sil funt pechur:
	La char ki quiert tuz tens delit
9576	E veut mult estre en deduit;
	Puis custume de mesfaire,
	Quant l'um ne veut de mal retraire;
	E li Deable ki a mal treit
9580	E tuz tens est en mal agueit.
	Ces treis choses hume asaillent
	E pur mal faire mult travaillent.
	Mes ki de queor i veut entendre
9584	Bien se porrat de tuz defendre
	Par verté oir e saver,
	E par pour de Deu aver
	E del juise ki vendrat,
9588	Kar ki ceo feit partut veincrat.
	Tant ai dit, bien deit suffire,
	Senz plus aparmeimes dire
	De ceo que avum en poesté
9592	Quanque nus vient a volenté.
	De respundre sur vus ore est,
	Si nus dirrez ceo que vus plest.'

	Clement se teut quant parlé out
9596	Tant cume sa reisun cundunout,
	E li vieillard, ki ne iert pas lent
	A respundre, dist a Clement:
	'Beal fiz Clement, mult bien parlez,
9600	De bien dire rien ne leissez,
	Mes nepurquant ne puis tant faire
	Que mun curage peusse atraire
	A releisser sun usage,
9604	Tuz tens se tient en un estage.
	Ne me puis pur rien flechir *272r*
	Que me peusse a el tenir
	Si a ceo nun que primes dis,
9608	Kar a ceo me sui del tut pris

Que tute chose veit e vient
Par destinee e par el nient.
Bien ai en ma cunscience
9612   De tenir ceste sentence,
Kar trestut me est avenu
Sicum destinee me fu.
Tut ausi bien ai entendu
9616   De ma femme ki jadis fu
Que destinee la menat
A ceo que ele encuntré ad.
Ma sentence ne lerrai mie
9620   Pur parole que l'um me die
Quant en mei meimes ai truvé
Que tut mun dit est veirs pruvé.
Mes partant que entend asez
9624   Que en cest art estes usez,
Ma destinee vus dirrai
Tele cum jeo espruvé la ai,
E quele est la destinee
9628   Que ma femme ad encuntree.
Destinee la traist a tant
Que ele amat un suen serjant:
Les planetes ki dunc cururent
9632   E les seignes en tel puint furent
Que femmes firent foleer
E lur propres serjanz amer;
Neer en ewe les estut,
9636   Destinee lur fist ceo tut.
De ma femme avint issi,   *272v*
Kar en avuillteire chai:
Vers sun serjant enprist amur,
9640   Mes de reproesce out pour.
Pur ceo feinst par cuverture
Que grant peril nus vendreit sure
Si ne alast hors de sun pais,
9644   Partant parti, e jeo remis.

9610 e *interlinear addition*   9644 tant *written on erasure*

Quant od le serf parti se en fu
E sun desir out de lui eu,
A dulur en mer neat
9648 Od tut le serf que tant amat.'
      Dunc dist Clement: 'Par quei savez
Que ceo seit veirs dunt dit avez,
Que vostre femme eit foleé
9652 Od sun serjant e seit neé?'
      Dist li vieillard: 'Tant bien le sai
Que de ceo dute nule ne en ai,
Mes al veir dire nepurquant
9656 Nel saveie de sun serjant
Que tant le amast pur vilainie
Einz que del pais fust partie.
Mes puisque parti del pais,
9660 Par un mien frere le ai apris
Ki me cuntat, quant iert alee,
Trestut cument ele out uvree.
Vers mun frere tel amur out
9664 Que pur rien tenir ne se pout
Que a lui meismes ne se en venist
E de folie le requeist.
Mes honeste hume fud mun frere
9668 Quant vilté ne me vout faire:
Tut de but lui escundist
La folie dunt le requist.
Lores esteit mult esmaee
9672 Cele dolente maluree,
Kar a merveille me dutout
E de reproesce pour out.
Mes ne deit estre pris a fes
9676 Si ele mesfist, kar ne pout mes:
Sa destinee tele esteit
Ki a ceo faire la traeit.
Puis feinst un sunge, sil me dist,
9680 Dunt en grant anguisse me mist;
A lui, ceo dist, esteit venu,
Mes ne sout dire ki ceo fu.

273r

Cil de nuiz lui aveit dit,
9684 La u ele se dormeit en sun lit,
Que hors del pais se en alast,
De aillurs meindre se aturnast;
Dous de noz fiz menast od sei,
9688 Le tierz puisné leissast od mei.
Quant jeo tant en oi oi,
Mult en fui murne e marri;
Entente mis que sauvé fussent
9692 E que damage ne encurussent.
Femme e enfanz mult oi chier,
Pur ceo nes suffri trop targier:
Les dous fiz einnez od lur mere
9696 Se en partirent, mes li tierz frere,
Ki puisné fud, od mei remist;
Mult grant cunfort en ceo me fist
Ki le cungié me vout duner
9700 Que cil pout od mei demurer.'
　　Clement cumençat a lermer
Quant tant le aveit oi parler,
E pensat que bien estre peust
9704 Que cil vieillard sun pere feust.
Niceta e Aquila ensement,
Ki esteient freres Clement,
Voudrent chaudpas avant saillir
9708 E tut le afaire descuvrir.
Mes quant le entendi seint Pierre,
Tuz les cumandat traire ariere:
'Sueffrez,' ceo dist, 'ne vus hastez;
9712 Tant cum me plerrat, attendez!'
　　Seint Pierre turnat autre part
E mist a reisun le vieillard:
'Le enfant,' ceo dist, 'kar nus numez
9716 Ki de ces treis esteit puisnez!'
　　Dist li vieillard: 'Li vadletun
Ki puisné fud Clement out nun.'

273v

9687 a *of* menast *reformed from* ei

A ceo lui respundi seint Pierre:
9720   'Si jeo ui vus face venir ariere
       Vostre femme seine e chaste
       Od voz treis fiz, e ceo en haste,
       Crerrez vus dunc que ceo veirs seit
9724   Que queor de hume ki a bien treit
       Peusse sei de mal retraire
       Senz ceo que force i eit del faire,
       E ki bien veut, asez frat bien,
9728   E que destinee ne est rien?
       E que veirs est quanque dium,
       E bone la fei que nus tenum?'
           Dist li vieillard: 'Ne feit a creire
9732   Que vus a chief cest peussez traire;
       Ne poet estre que vus facez   *274r*
       La pramesse que feit me avez.
       Partant vus di ceo dunt sui cert:
9736   Sicum jamés achevé ne iert
       Ceo que vus alez prametant,
       Tut ausi ne iert ja poi ne grant
       Que destinee peusse eschivre,
9740   Kar partut la estuverat sivre.'
           Seint Pierre dist dunc: 'Ceste gent
       Que vus veez ci en present
       En testimoine vus liverrai
9744   Que vostre femme vus rendrai
       Vive e chaste a cest jur de ui,
       E voz treis fiz ensemble od lui.
       A ceo que dirrai, escutez,
9748   E a la verté entendez!
       Tute la verté vus dirrai,
       Kar asez plus de vus en sai.
       Que pur vus, que pur ceste gent
9752   Dirrai la verté, kar jeo la entend,
       Que vus en seez mieuz cuneuz,
       E jeo partant seie mieuz creuz.'
       Vers le poeple atant turnat
9756   E oiant tuz issi parlat:

'Cest hume esguardez, bone gent,
Ki tant est vestu povrement!
Il fud de Rume citeein,
9760   A l'emperur parent proecein;
Mult riches hume jadis esteit,
Kar granz onurs a Rume aveit.
Il ad nun Faustinien,
9764   Jadis aveit asez del suen;
Li emperur femme lui dunat   *274v*
Ki fei e amur lui portat:
Mathidia fud apelee,
9768   Si ert de grant lignage nee.
Treis enfanz ensemble eurent
Dunt les dous einnez gemeaus furent;
Li tierz puisné out nun Clement,
9772   E cil estat ci en present.'
Quant seint Pierre Clement numat,
A sun dei vers Clement mustrat;
Vers les gemeaus se est puis turné
9776   Ki de Clement furent einné:
'Ces resunt,' ceo dist, 'voz dous fiz
Ki sunt gemeaus, e mult petiz
De sens e de eage se en partirent,
9780   E puis tresque ore ne vus virent:
Li uns de eus ad nun Niceta,
Li autre est numez Aquila.
Mes nuns autres jadis eurent
9784   Quant en enfance od vus furent:
Faustus fud numé dunc li un,
E Faustinus out l'autre a nun.'
Mult fud li vieillard esbaiz
9788   Quant il oi numer ses fiz:
Il ne out ja menbre kil tenist,
Ne pout tenir que ne chaist;
Ne out en sei force ne vertu,
9792   Tant fud suppris e esperdu.

9777 *Initial of* Ces *unclear*

Ses treis fiz mes n'i attendirent
Quant il a terre chaet le virent:
Il le unt pris e enbracié
9796   E cum lur pere le unt beisié.

275r

Li vieillard tant lunges jeut
En pasmeisun e ne se meut
Que ses fiz de grant maniere
9800   Duterent perdre lur pere,
E que jamés ne resursist,
Mes le espirit entre eus rendist.
Tut le poeple ki dunc iert la
9804   E ki ceo vit se esmerveilla;
Esbai trestut en furent
Granz e petiz quant tant veu eurent.
        Seint Pierre, ki tut le esguardat,
9808   Lever les freres cumandat.
Il les fist tuz traire ariere
Que il ne esteinsissent lur pere;
Ne vout mes que il le acolassent
9812   Par quei plus le traveillassent;
Puis par la mein le vieillard prist
E tut suef drescier le fist.
Il levat sus tut esturdi
9816   Cum hume ki eust mult dormi;
Seint Pierre le enprist a cunforter,
E puis recumenceat a cunter
Oiant la gent tute la summe:
9820   Cument le frere cel vieil hume
Mathidiam out cuveité
Que faire en peust sa volenté,
Mes ele ne se vout hunir
9824   Tant que lui vousist cunsentir;
Ne vout estre desleele,
Kar tost en surdreit tel nuvele
Ki turnereit a desonur

9810 esteinssent *with* esteinsissen *(trimmed) added in right margin*   9817 prist *written on erasure*

9828   E a lui e a sun seignur.
       A sun seignur nel vout mustrer,   *275v*
       Ne les dous freres descorder:
       Ne vuleit estre acheisun
9832   De reproesce e de tenceun;
       Ne vout que vilté u damage
       Par lui chaist sur lur lingnage,
       Mes pur sei tenir lealment
9836   Un sunge feinst mult cuintement.
       Issi, ceo dist, sungié aveit
       Que de Rume partir deveit;
       Ses fiz einnez, ki gemeaus furent,
9840   Od lui de Rume partir deurent;
       Li puisné deut remeindre ariere
       E la demurer od sun pere.
       Quant il se en furent departi,
9844   Lung en la mer lur meschai,
       Kar par tempeste perillerent,
       Fors lur treis cors rien ne sauverent.
       La femme sule fud gettee
9848   En une idle ki est numee
       Andarad; la fud asise
       Sur une roche, mult esquise
       De bon cunseil e de sucurs.
9852   Mes ses dous fiz furent aillurs,
       Kar quant lur nef fud perillee
       E tute en pieces desiree,
       Roburs de mer vindrent najanz
9856   Ki se aparceurent des enfanz
       Cum ferm ensemble se teneient
       Tant que departir ne vuleient.
       Li robur a sei les sacherent
9860   E a Cesaire les menerent;
       A une femme les vendirent,   *276r*
       Mes lur dous nuns changier firent.
       Le un de eus Nicetam apelerent

9835 sei *written on erasure by corrector*   9850 rochie

9864   E Aquilam l'autre numerent;
La femme mult les cheriseit
E en lieu de fiz les teneit.
Guarder les fist e bien aprendre,
9868   E il eurent sens pur bien entendre;
Mult mistrent entente e cure
De estre entendant en lettrure.
Un cumpainnun od sei aveient,
9872   Pur poi deceu par lui esteient,
Kar trop est malveis e felun
E Simun Magus ad a nun.
Mes quant cil dui se en parceurent
9876   Que par Simun pres deceu furent,
Par Zacheu Simun leisserent
E a seint Pierre se turnerent.
E Clement, ki a Rume fu,
9880   Quant Barnabas i iert venu,
Le plus de ceo que il out, guerpi,
E hors de Rume se en parti
Pur enquerre la verité
9884   De ceo dunt lunges out duté,
E a Cesaire vint partant
Que Barnabas out dit avant;
A Cesaire truva seint Pierre
9888   Kil recuilli a lié chiere.
Clement desdunc od lui remist
Ki mult de enquerre se entremist,
E mult se penat de saveir
9892   Que fust menceunge e que veir,
E seint Pierre rendi reisun   *276v*
De quanque feit fud questiun.
Aprés cest cuntat seint Pierre
9896   Cument il truvat lur mere
En la idle de Andarad seante
E pur sun vivre mendiante,
E quel joie tut cil eurent
9900   Ki en cel idle mananz furent
De ceo que la fud recunue

Cele ki tant esteit perdue.
Ublier ne vuleit mie
9904   Quele fud la cumpainnie
Que les dous femmes entre sei
Guarderent en si bone fei,
E cument cele fud guarie
9908   Ki aveit l'autre recuillie,
E cument Clement merciat
Tuz ces, e bien del suen dunat
Ki bien feit eurent a sa mere.
9912   Tut cest i cuntat seint Pierre,
E de Niceta e Aquila
Ki ne eurent pas dunc esté la
Quant la femme perillee
9916   Fud en la idle retruvee.
Mes puis quant tuz se asemblerent,
E cil la femme aviserent
Ki od seint Pierre iert venue
9920   E ki cil ne eurent einz cunue,
De Clement trestut enquistrent
Ki ele fust, e apristrent
Que ceo la mere Clement fu
9924   Que il des grant tens aveit perdu.
E quant les nuns numé i furent   *277r*
Que il en enfance jadis eurent,
A haute voiz se escrierent
9928   Que il Faustus e Faustinus ierent,
E cunterent la aventure
De quanque lur fud venu sure.
E quant se furent aparceu
9932   Que la femme lur mere fu,
Nel vuleit seint Pierre suffrir
Que il se peussent descuvrir,
Mes les cumandat treire ariere
9936   Que supprise ne fust lur mere
De la joie ki lui surdreit
Quant ses dous fiz truvé avreit.
Pur ceo vuleit a lui parler

9940 Pur sun curage mieuz cerchier,
E puis faire ses fiz venir
Pur eus a lur mere offrir;
Il meismes en fist le present
9944 Ki mult lui vint bien a talent.
    Ceste summe cuntat seint Pierre
Oiant les fiz od tut le pere,
E tut le poeple ki l'oi
9948 Mult de bon queor i entendi.
Mult fud le cunte delitus,
Tuż le escuterent partant plus;
Asez plurerent ki la furent,
9952 Tenir de joie ne se en pourent.
    La nuvele en fud tost seue,
E ja tant esteit curue
Que la femme qui mere esteit
9956 As treis freres oie la aveit;
Tut le afaire out ja oi,   *277v*
Mes ne sai cument, ne par ki.
Ultre ceo ne tarjat mie
9960 Quant la nuvele out oie,
Kar mult en haste vint curante
E a haute voiz criante
Cume femme forsenee
9964 Veant tute la asemblee:
'Faustinien,' ceo dist, 'u est,
Ki dreit espus e sires me est,
Ki en travail se est, pose ad, mis,
9968 E tant est alé par pais
E tant ad encuntré maus
Pur mei querre par chasteaus,
E par citez e par burcs,
9972 E lung e pres asez aillurs?'
    Quant li vieillard oi le cri
E les paroles entendi,
E esguardat tut le semblant

9940 c *erased before* sun   9943 en *added to right of text by corrector*

9976   Cume se portat, la gent veant,
        E cument guardat envirun
        Si seust cunuistre sun barun,
        Il ne sist mes, ne ne arestut,
9980   Mes cuntre la femme curust;
        Plurant de joie la enbraçat
        E asez suvent la beisat.
            Dunc dist seint Pierre a la gent
9984   Que tuz alassent erraument,
        Kar, ceo dist, grant hunte fust
        Si nuls de eus mes i arestust,
        Mes lur leissassent lieu aver
9988   Tant que entre sei peussent parler
        E dire tut priveement   *278r*
        Le un a l'autre tut sun talent;
        E ki vousist, matin venist
9992   E la parole Deu oist.
            Hume ne femme n'i remist
        Puisque seint Pierre tant lur dist;
        Chescun alat a sun ostel,
9996   E seint Pierre vout faire autel.
        A sun ostel repeirer vout
        Od tant des suens cum il la out,
        Mes li sires de la meisun
10000   I mist seint Pierre a reisun:
            'Leid,' ceo dist, 'serreit e mal
        De herbergier en ospital
        Tels genz cum nus vus veum ci
10004   E dunt avum tant bien oi
        Quant mun ostel vus est ci prest
        Ki larges e delivres est;
        Liz tut prestz e asez el
10008   Ai prestement en mun ostel.'
            Mes quant seint Pierre cuntredist
        E de remeindre dangier fist,
        La dame i vint de la meisun

10011 i *added by corrector*

10012 Quant rien n'i espleitat sun barun;
Od sei menat de ses enfanz,
Mes ne sai dire quels, ne quanz.
Ele se mist as piez seint Pierre,
10016 Se se entremist mult de requerre:
'Beal sire,' ceo dist, 'ci herbergiez,
Ma requeste en ceo oez!'
Mes seint Pierre ne fist pur lui
10020 Plus que il out feit pur sun mari;
Ne pout de lui le graant aver   *278v*
Que la se veusist herbergier.
En cuntredit tuz tens se tint
10024 Tresque une lur fidle i vint
Ki out esté forsenee
E del Deable traveilliee,
E pur le sens que ele out perdu
10028 De chaenes liee fu;
Desuz clief fud bien guardee,
Kar trop fud desmesuree.
Ceste survint tute guarie
10032 Del Deable ki la out en baillie,
Kar les us de la meisun
U l'um la teneit en prisun
Tut par sei furent desbarrez,
10036 E les locs senz clef desfermez.
De la prisun partant eissi
Quant bien guarie se senti,
Mes tut lui fud rendu sun sens,
10040 Ne iert pas delivre des liens
Dunt ele out esté liee
Tant cum ele esteit desvee.
Ele se mist chaudpas a terre
10044 Quant ele out veu seint Pierre;
As piez lui chai, sil requist
De la demurer, si lui dist:

10023 se *erased between* cuntredit *and* tuz

'Cuntre dreit e reisun frez
10048   Si vus uimés d'ici partez:
De ci partir ne devez mie
Quant al jur de ui si sui guarie.
Ne me devez ore trubler,
10052   Ne mes parenz ui cuntrister:
Remeindre i devez par reisun
Pur joie de ma guarisun!'
    Seint Pierre enquist ki cele esteit
10056   Ki si a reisun mis le aveit,
E la acheisun ad demandee
Purquei ele iert enchaenee.
    Pere e mere mult joius furent
10060   Quant de lur fidle tant veu eurent,
De ki il ne eurent neis espeir
Que ja pur rien peust estre veir
Que de santé recuvrier eust
10064   E del Deable delivre fust.
Esbai tant de cest furent
Que respundre neis ne en pourent,
Mes lur serjanz ki la ierent
10068   De la verté le acuinterent:
    'Ceste,' ceo distrent les serjanz,
'Ne aveit plus de eage que set anz
Quant li Deable tant la acuilli
10072   Que sun dreit sens tut lui toli.
Ne lui pout hume pres venir
Que nel veusist chaudpas saisir;
A denz desirer tut vuleit
10076   E mordre quanque pres veneit.
Vint anz sunt passé puis le tens
Que primes out perdu sun sens;
Ne la pout hume puis guarir,
10080   Kar nuls n'i osat pres venir.
Ele ad mulz humes maheimez
E plusurs ad tut morz ruez:

279r

10061 pas *expuncted between* eurent *and* neis

Nuls hoem vers lui ne aveit duree

10084   Trestut le tens que ele iert desvee,
Tant out force de l'Enemi   *279v*
Ki sun ostel out pris en lui.
Mes il se en est fui par vus,

10088   Kar il n'i pout remeindre plus;
Les us ki furent ferm barrez
E de serrure bien fermez
Par sei memes estut uvrir,

10092   Kar ne se pourent mes tenir.
La meschine est guarie,
E ceo lui vient de vostre aie,
Pur ceo requiert que ci seez

10096   E que aillurs ne vus herbergiez;
Cest jur lui facez festival,
U si ceo nun, mult lui frez mal.
Vus ne lui devez pas faillir,

10100   Mes mult la devez cunjoir;
Bien en devez estre joius
Pur la santé que ele ad par vus,
E mult redevez esleescer

10104   Ses parenz par ci herbergier!'
     Quant les serjanz cunté i eurent
De la meschine ceo que il seurent,
Les chaenes par sei rumpirent

10108   E de la meschine chairent;
Delivres out ja e meins e piez
Ki lunges eurent esté liez.
Seint Pierre adunc bien seur fu

10112   Que tut par lui fud avenu;
De la meschine bien saveit
Que Deu par lui guarie la aveit.
Sa requeste partant oi

10116   E de cel ostel ne parti:
Iloec remist e herberjat,   *280r*
E ses cumpainnuns tuz cumandat
Ki a l'ostel furent remis

10120   Que il des einz aveient pris.

Quanque furent remis ariere
Vindrent od la femme seint Pierre,
E quant il ierent la venuz,
10124   Iloec se herbergerent tuz.
Sun lit i prist par sei chescun,
Nul od autre, mes un e un.
La mangerent e la beurent
10128   Sicum einz en custume eurent;
Aprés mangier Deu gracierent,
Puis en lur liz se reposerent.

Passat la nuit, matin levat
10132   Seint Pierre quant il ajurnat.
Les treis freres mes ne dormirent
Quant il seint Pierre levé virent;
Il quatre traistrent cele part
10136   U se fud cuchié li vieillard.
Dejuste sei sa femme aveit,
Mes le un e l'autre se dormeit;
Ne jeurent pas en la meisun
10140   U par sei out sun lit chescun.
Seint Pierre nes vout esveiller,
Partant n'i vout sur eus entrer;
Tuz quatre se treistrent ensus,
10144   Si atendirent defors le us.
Il se asistrent tuz quatre a terre,
As treis freres dist dunc seint Pierre:
'Mes chiers amis ki Deu servez
10148   Ensemble od mei, kar me escutez!
Mult avez vostre pere chier,   *280v*
Ceo ne feit pas a merveillier;
Vers lui avez mult grant amur,
10152   Mes jeo en ai mult grant pour
Que vus, pur ceo que tant le amez,
Ultre mesure le hastez

10138 se *interlinear addition by corrector*   10147 *guide letter supplied but normal initial*
written   10149 uostre piere uus est chier *added above* auez uostre pere chier *as*
alternative   10151 m*u*lt *interlinear addition by corrector*

De cunvertir a nostre lei
10156 Einz que il seit ferm en dreite fei.
Si einz n'i seit apareillié,
Ne deit estre trop anguissié
Que pur rien el si pur Deu nun
10160 Vienge a nostre religiun,
Kar asez porrat avenir
Que tost se vuldrat cunvertir
Pur sule la amur que il vers vus ad.
10164 Mes par si ferm ja ne en serrat,
Kar quele chose que l'um face,
U pur gré de hume u pur grace,
Ne feit trop granment a preiser
10168 Quant a tuz tens ne poet ester:
Tost e de legier decherrat,
Kar ja senz Deu bien ne serrat.
Pur ceo vus dirrai mun cunseil
10172 Si vus le vulez, e jeol vueil:
Al mien avis bien est e dreit
Que vostre pere respit eit
Tresque a un an de od nus aler,
10176 Que pur oir, que pur veer
Quel est nostre cuntienement
E que nus dirrum a la gent.
Tut vive a sa volenté
10180 Senz estre par vus molesté!
E si il veut al bien entendre,
Asez le poet od vus aprendre
Par oir ceo que nus dirrum
10184 Quant oiant autres parlerum.
Kar si se veut bien ferm tenir
En dreit purpos par nus oir,
Quanque de lui en queor avum
10188 Requerrat dunc que lui façum,
E que en nostre religiun
Lui graa[n]tum tant que il en seit un;
E si sun queor aillurs se treit,
10192 Quant mieuz ne veut, ami nus seit!

281r

Ki vienent a religiun
Enviz e senz devociun,
Quant ne la poent mes suffrir,
10196   Pur lur fieblesce bel cuvrir
E pur sei memes escuser
Que genz ne[s] deivent trop blasmer,
Ne la guerpissent sulement,
10200   Mes en mesdient a la gent,
Kar de dreite religiun
Dient que tute est senz reisun;
Partant sunt autres damagié
10204   Quant il sunt desacuragié
De sei turner e a bien traire
Par ces ki bien ne vuelent faire.'
      Niceta a cest lui respundi:
10208   'Sire,' ceo dist, 'ne vus desdi
Que bon ne seit vostre cunseil,
Mes mun avis dire vus vueil
Pur plus oir que jeo oi ne ai
10212   E plus saver que jeo ne sai.
Si nostre pere tant ne vit   *281v*
Cum poet amunter al respit,
E einz que le an seit passé, muert,
10216   De lui cument e quei en iert?
Dunc ne iert chose kil defende
Que il en Enfern tut ne descende;
La iert en peine e dulur,
10220   De bien n'i avrat ja retur.'
      'Mult me est bel,' lui dist seint Pierre,
'Que tant pensez de vostre pere,
E mult en sui liez e joius
10224   Que tant en estes curius;
E quant pur el ne en enquerez
Si pur ceo nun que nel savez,
Tut vus deit estre parduné
10228   Que me en avez areisuné.
Mes quidez vus que chescun hume
Ki a bien faire se acustume,

Par ceo que bien feit devant gent
10232 E est de bel cuntienement,
A sauveté vienge partant
Que bel se porte par semblant
Si Deu n'i met einz sa sentence
10236 Ki bien entent la cunscience?
Ja sauf ne en serrat autrement
Si Deu ne en feit le jugement
Ki les pensez des queors tuz veit,
10240 Kar rien ne est que celé lui seit.
Nel funt tuz pur Deu purement
Ki bel se portent entre gent,
Ne pur entente de justise,
10244 Pur ceo ne en ad Deu guarde prise.
Aukun le feit, par aventure,   *282r*
U pur aucune cuntruveure,
U pur custume de lung tens
10248 Ki fud levee par paens,
U par aucune enseignement
Ki suvent de un a autre vient,
U pur amur e cumpainnie
10252 De bon ami u chiere amie,
U pur acheisun de autre afaire
Dunt lung serreit de essample traire.
Mes cil qui unt entente mise
10256 Pur Deu amur e pur justise
De Deu servir e Deu amer
E de bone vie mener
La joie en avrunt pardurable
10260 Ki tuz tens lur iert heritable.
A ceo cunquerre mestier ne unt
Force e grace ki de hume sunt:
Aver ne porrat el mestier
10264 Si fei nun a ceo purchacier.
Par fei e bone volenté

_____

10250 a *written on erasure*   10252 de *crossed out in plummet between* v *and* chiere *(by revisor?)*

Poet l'um venir a sauveté,
E par Deu servir franchement
10268　De queor e aimablement.
Bien devez penser estre cest
Que Damnedeu seit tut quanque est,
E avantmein seit la reisun
10272　Si vostre pere est suen u nun.
E que iert si Deus entendu eit
Que vostre pere suen ne seit?
Ki serrat cil ki rien desdie
10276　De ceo que vient de sa establie,
E que il purvit des tant piece ad　　　　*282v*
Quant li mund primes cumençat?
Mes nepurquant jeo vus dirrai
10280　Tel cunseil cum duner vus sai.
Quant vostre pere leverat
E tresque a vus venu serrat,
Tuz ensemble nus aserrum
10284　E questiuns avant mettrum
Cum pur enquerre e aprendre
Ceo que fort semble a entendre,
Dunt vostre pere profit eit
10288　E par oir amendé seit:
Issi porrat venir a fruit
Quant par oir poet estre enstruit.
Mes primes suffrez nepurquant
10292　Si rien dire nus veut avant:
Tant miez porrum faire respuns
Si il vers nus moet questiuns.
E si il rien de nus ne enquiert,
10296　Desdunc me est vis que cunseil iert
Que semblant façum entre nus
Cume gent ki seient anguissus
De aprendre bien par demander:
10300　Meillur cunseil n'i sai duner.
Ceo que jeo ai dit oi avez,

10293 res *of* respuns *written on erasure*

Vostre cunseil ore dirrez.'
 As treis freres asez bien plout
10304 Ceo que seint Pierre dit lur out;
 Bien se unt al cunseil assentu
 E mult diseient que il bon fu.
 Clement respundi nepurquant:
10308 'Mult veit partut bien acordant
 La fin od le cumencement *283r*
 De quanque a nostre pere apent,
 E pur la eissue que jeo en vei
10312 En Damnedeu me fi e crei
 Que aprés si bel cumencement
 Ne vuldrat Deu que il voist a nient,
 Mes bone fin aver le frat
10316 Ki tresque ça si guardé le ad.
 Mes nepurquant tant dire vueil,
 Si nus tenum a cel cunseil
 Que nus voisum questiunant
10320 E de duter façum semblant,
 Mun seignur Pierres, endreit vus
 Ne devez estre per a nus,
 Kar rien demander ne devez
10324 Dunt semblant seit que vus dutez.
 Kar si par aventure fust
 Que nostre pere se aparceust
 Pur le semblant que feit avriez
10328 Que en dutance de rien feussiez,
 Il en serreit trop offendu,
 Kar il se tendreit a deceu.
 Bien vus devez guarder de cest,
10332 Kar il creit ore e seur est
 Que ne est chose dunt vus dutez
 E dunt vus bien cert ne seiez;
 E si vus alez enquerant
10336 Tant que de rien voisez dutant,
 Mes nul de nus bien ne crerrat

10311 en *written on erasure*

Quant en dutance tuz verrat.

Desdunc ne tendrat pleit de vus

10340 Plus que il feit ore de un de nus,

Kar tuz quiderat que piers seium   *283v*

E que nul meistre n'i eium

Quant tuz verrat en ignorance

10344 E de certé nule esperance.

Mes suffrez, e nus parlerum,

Escutez que nus treis dirrum;

Asez irrum questiunant,

10348 E quant ne porrum mes avant,

De vus querrum solutiun

De quanque avrum feit questiun.'

Dist seint Pierre: 'Lessum ester,

10352 Ne estoet de cest mes trop parler!

Kar si Deu veut, ki tut purveit,

Que vostre pere sauvé seit,

Occasiun mult avenante

10356 Nus en durrat e bien seante;

Tut senz hume, si Deu le enprent,

Bon en avrum cumencement.

De ceo me vient que mun avis

10360 Uncore di sicum jeo einz dis:

Suffrez que il peust od nus aler

E que il nus oie desputer;

Nel hastez trop a nunreisun

10364 Tresque Deu duinst occasiun

Tele cum lui iert a pleisir,

E puis me leissez cuvenir.

A ceo que dit ai, vus tenez,

10368 E par mun cunseil en uvrez!'

Dit sun avis i out chescun

Quant i survint un vadletun;

Cil dist del veillard que il veillat

10372 E que de lever se aprestat.

Lores entrer a lui vuleient   *284r*

10361 e *following* peust *erased*   10368 en *interlinear addition by corrector*

Ki attendu defors aveient;
Ja furent levé en estant,
10376 Mes li vieillard survint atant.
Quant veu les out, sis saluat
E en ordre ses fiz beisat;
Iloec se asistrent tuz a terre,
10380 Mes tut premiers parlat li pere:
'Porrat,' ceo dist, 'leissur aver
Chescun ki vuldrat parler
E vers autre demande faire,
10384 U l'um se devrat tuz tens taire
Sicum Pitagoras le dist
E en escrit jadis le mist,
E sicum cil en vunt disant
10388 Ki a ses diz sunt entendant?'
Seint Pierre respunt: 'Ne tenum pleit
Que hume par nus efforcié seit
De demander u de teisir,
10392 Mes tut leissum al cuvenir:
Sun pleisir en face chescun,
Par nus destreint ne en iert ja un!
Kar bien sumes aseurez
10396 De ses ki sunt acuragiez
De tant penser de lur salu
Par quei peussent venir a pru,
Ne se porrent pur rien tenir
10400 Que lur ne estoesce descuvrir
Ceo que en lur queor tant ferm avrunt,
E partant taire ne en porrunt.
Mes cil qui a nunchaler met
10404 Ceo que a salu turner lui poet,
Tut se peint il de demander   *284v*
Cument il peusse profiter,
Ja pur demande pru ne avrat
10408 Fors que los tant en cunquerrat

10378 E *added in left margin by corrector*   10388 *final* s *of* ses *written on erasure with* s *added above and erased*   10402 E par tant tant taire

E entre genz preisé en iert
Que pur aprendre tant enquiert:
Tenu en iert estudius,
10412 Ja de cunquest n'i avrat plus.
Ore iert sur vus si rien vulez
Par nus oir, si l'enquerrez.'
Dist li vieillard: 'Une parole
10416 Mult est usee en la escole
As philosophes ki jadis
Furent en Grece de grant pris.
Li philosophe de cel tens
10420 Eurent en ceo fermé lur sens
Que il diseient que tute rien
Ne est endreit sei ne mal ne bien,
Mes bien e mal cumunement
10424 Est suluing ceo que l'um le prent;
Suluing ceo que chescun hume
Se ause e acustume
Deit bien e mal tut estre pris
10428 Sicum a chescun iert avis.
Kar a lur dit ne iert mal ne tort
Si uns huem met autre a mort;
De mal reter nuls ne devrat
10432 Celui qui homicide frat,
Kar il ad la aume delivree
Ki de la char fud encumbree.
E ceo refunt uncore a creire
10436 Que ne est pas mal faire avuilteire
Si tant seit feit celeement
Que li espus ne en sace nient;
U si par aventure seit
10440 Que il le sace, s'il ne en tient pleit,
Ne est pas mal quant mal ne ensiut
Par ceo que al barun rien ne chiut.
De larecin tut ausi dient,
10444 A ces qui autrui bien espient
E en emblee le unt puis pris
De rien ne devrat estre pis:

285r

Nel deit l'um pas par mal retraire
10448 Quant suffreite lur feit ceo faire;
Pur busuing unt de l'autrui pris
Ceo dunt il meismes sunt esquis,
Kar ki del suen aver nel poet
10452 De l'autrui bien prendre le estoet,
E quant nel poet apertement,
Prendre le estoet celeement.
Plusurs ne sunt larruns pur el
10456 Fors pur defaute de chatel;
Meins feit a blasmer li larrun
Ki ne emble si pur busuing nun
Que cil ne feit ki perdant est
10460 De ceo que en dun deust estre prest;
Cil ki ne l'ad estoet embler
Quant cil ki ad nel veut duner.
Pur ceo lui devreit duner tant
10464 Cil ki tresors veit amassant
Que il pur suffreite mal ne feist
E que de l'autrui rien ne preist,
Kar tuz les biens que l'um aune
10468 Estre deussent en la cumune,
E les tresors que l'um estue *285v*
Deust chescun prendre tut a veue.
En cumune deust estre tut,
10472 Mes li siecle descorde mult
Par ceo que a sei tant treit chescun
E suen propre feit del cumun:
Partant que uns dit que "Cest est mien!"
10476 E autre dit que cel est suen
Est surse la diverseté
Ki en cest siecle ad esté.
Mult dist bien, mes mult ad piece,
10480 Uns sages huem manant en Grece:
Cumun deit estre quanque amis unt,
Ne sunt pas amis si el en funt;

10475 s *of* uns *written on erased* t *by corrector*

Neis les femmes i sunt cumprises,
10484 La u tut est ne en sunt hors mises.
Sicum li soleil e la lune
Lur clarté funt a tuz cumune,
E sicum le eir est tut cumun
10488 Tant que uelment en ad chescun,
Tut ausi deust tute autre rien
Estre cumune, dunc fust bien!
Tant voil dire, kar duné me ai
10492 A bien faire, mes poi en sai,
E ne sai cument jeo bien face
Si que bien seit avant ne sace,
Kar si tut primes eie feit
10496 Tant que jeo sace que bien en seit,
Lores entendrai le cuntraire,
Si me porrai de mal retraire.
A cest respune un de vus treis,
10500 E dam Pierres se tienge en peis!
Ceo serreit mult cuntre reisun   *286r*
Si il entre nus feist questiun,
Kar ne deit estre cuntredit
10504 De rien puis la ure que le ad dit,
Ne en deit l'um puis retreite faire,
Mes quanque il dit deit l'um bien creire.
Pur ceo se deit en peis tenir
10508 E cume juge nus oir,
E quant avrum desputé tant
Que mes ne savrum dire avant,
Par lui prendrum aseurance
10512 De ceo dunt serrum en dutance.
Pur sul sun dit, si bien vuleie,
A sa sentence me tendreie,
Sicum al chief del turn le frai,
10516 Kar a sun dit tut me rendrai.
Mes tut avant vuldrai saver

10495 aie *with* a *expuncted and* e *added above*   10496 e *of* seit *written on erasure*

Si l'um porrat par desputer
Trover chose dunt l'um enquiert
10520   E si l'um cert partant en iert.
Clement respune tut avant:
De lui me plest que il voist mostrant
De nature si rien en vient
10524   Ki seit u bien u mal u nient;
Tut ausi de ceo que l'um feit
Mustre si ceo bien u mal seit!'
Clement respundi senz demoere
10528   Quant tant entendi de sun pere:
'Quant vostre volenté tele est
Que tant par mei oir vus plest
Si de nature u de feit
10532   Rien vienge ki bien u mal seit,
U si bien e mal de el ne sunt

286v

Fors sulung le us que genz en unt —
Par quei li mund descorde tant
10536   En ceo que chescun veit treiant
Vers sei meimes e propre feit
Ceo que cumun estre devreit
Sicum le eir est en cumune
10540   E li soleil ki clarté dune —
Ne me est avis que essample traire
De aillurs deive pur proeve faire
Fors de ces arz que avez en us
10544   E dunt jeo espeir que sacez plus,
Par quei vus ne dutez mie
De chose que jeo vus die.
Veez les maus dunt nuls ne dute
10548   Que maus ne seient, cume gute
E fievre e granz enfermetez
Dunt plusurs veum trop grevez;
Pernez guarde de traisuns,
10552   De maltalenz e de tençuns;
Guardez quel mal seit estre en plurs,

10518 p *of* par *written on erasure*   10533 nel *with* l *expuncted*

En guerre, en noise, en dulurs,

E de en prisun lié gisir,

10556   E de turmentes granz suffrir.

De cest e de el dunt l'um trop veit

Ne entendez vus que ceo mal seit?'

     Dist li vieillard: 'Ceo ne est pas faus

10560   Que ceo ne seient mult granz maus,

E si nuls est ki ceo ne creit,

Vienge a la esproeve que ceo seit!'

     A ceo dist Clement: 'Quant de tant

10564   Estes seur e cunuissant,

Lores me estoet que avant vus die   *287r*

Sulung la art de astronomie

Dunt jeo me sui bien aparceu

10568   Que vus la avez en us mult eu:

Partant en dei jeo mieuz parler

Pur vus la reisun mieuz mustrer;

La reisun mieuz en entendrez

10572   Par la art dunt mult apris avez.

De fievre estes bien cunuissant

E dc cl dunt jeo ai tuchié devant

Que ceo mult males choses sunt,

10576   Trop pruvees par tut le mund.

Par les esteilles, sulung vus

Ki mult avez cele art en us,

Vienent ces maus, e males sunt

10580   Les esteilles ki tels maus funt;

Celes sunt bones ki funt biens

Al dit as astro[no]miens.

Poet ceo estre veir que jeo vus di?'

10584   Sun pere a ceo lui respundi:

'Tut est issi, bel fiz Clement,

Kar estre ne poet autrement.'

     Clement dist dunc: 'Trestuz les maus

10588   Ki privez sunt u cumunaus

10581 funt *written on erasure*   10585 fiz *interlinear addition by corrector*

Cumencement de un sul lieu unt:
Des esteilles ki males sunt.
Celes meimes funt hume enrievre
10592 Ki funt hume aver la fievre,
E celes funt les trecheries
Ki funt venir les maladies,
E quanque avez a mal cuneu
10596 A vostre dit en est esmeu;
E celes memes sunt mateire					*287v*
E de homicide e de avuilteire,
De larcin e de autres maus
10600 Que nus tenum mult criminaus.
Partant deit sembler par reisun,
Quant eles ne funt si mal nun,
Que homicide est mal afaire
10604 E larcin e avuilteire
Quant les esteilles mal uvrantes
A ceo faire vunt enpeinnantes:
Trestut est mal quanque eles funt
10608 Quant eles meimes males sunt;
Eles vus mettent en tels arz
Dunt tenuz estes a musarz.'
		'Pruvé me avez,' dist li vieillard,
10612 'Briefment e bien e par dreit art
Que plusurs choses que l'um feit
Mult sunt males en lur endreit,
Mes rendez mei reisun de ces
10616 Ki mal funt e ne poent mes
Pur destinee kis i estreit
E destresce de mal lur feit!
Cument les porrat Deu reiter
10620 E pur le mal a dreit jugier
Quant force e busuing les i chacent
Tant que il estoet que il le mal facent?
De cest la reisun vus demand,

10589 sul *added to right of text by corrector*   10598 *first letter of first* de *capitalized and brown washed*   10612 *second* e *interlinear addition by corrector*

10624 Kar vus le alez issi disant.'
   Clement respundi a sun pere:
  'Jeo me dut mult de grant maniere
  De deurement od vus parler,
10628 Kar tut onur vus dei porter;
  Si ceo ne fust, jeo vus dirraie   *288r*
  Aukes de ceo que jeo en queor avraie.'
   Dist li vieillard: 'Beal fiz, parlez,
10632 Guardez pur mei rien n'i leissez!
  Tut i eit semblant de trespas,
  Pur ceo guardez ne leissez pas,
  Kar ki demande malement,
10636 Cil feit le surfeit, e vus nient;
  Ne vus en deit l'um blasmer plus
  Que femme que vers sun espus
  Se curuce, sil chastie
10640 Quant turné est a lecherie.'
   Clement dist dunc: 'Quant mei e vus
  Alum desputant entre nus,
  Si puis nus alum retraiant
10644 De ceo que avum graanté devant
  E tant alum cuntre nus meimes
  Que ui desdium tut quanque ier deimes,
  Dunc iert de nus cumme de l'iraine
10648 Ki file e tist subtille uverainne:
  Mult se peine, mult travaille
  E mult guaste de sa entraille,
  E quant sa teile ad teissue,
10652 Suvent la change e remue.
  De nus serrat tut ensement
  Ki tant chanjum noz puinz suvent:
  Ne porrum pas a beal chief traire
10656 Ceo que tuz tens est a refaire.
  Pur ceo nus devum purveer
  De rien desdire u graanter

10634 *minim erased before* guardez 10648 b *of* subtille *interlinear addition* 10651 teille
with first l *expuncted* 10652 chaange *with first* a *expuncted*

Einz que nus veum la reisun
10660   Que feit a tenir e que nun,
E quant nus serrum tant purveu   *288v*
Que nostre avis avrum cuneu,
Ne en devum pur rien resortir,
10664   Mes bien i devum ferm tenir.
Partant plus bel acheverum
Des choses dunt nus parlerum;
Quant bien avrum de l'un enquis,
10668   Mieuz enquerrum de l'autre puis.'
    'Fiz,' dist li vieillard, 'bien parlez,
E bien sai purquei dit le avez,
Kar ier, quant od mei desputastes,
10672   Asez me deistes e mustrastes
Reisuns beles e bien seantes
E ki mult furent ateinnantes;
Asez me feistes proeves beles
10676   De plusurs choses natureles.
Vus tuchastes de une vertu
Dunt jeo ne entendi puint de pru,
Kar ele est male e mal feit
10680   E a mal feire tuz tens treit.
Suvent se change e deguise
Pur traire genz en cuveitise;
Mult se peine, mult entice
10684   Pur faire genz chair e[n] vice.
Mes tut en eit la volenté,
Ne en poet aver la poesté;
Trop porrat hume traveillier
10688   Senz force faire de pechier.
Ki cunsentir ne lui vuldrat
Destresce e force n'i avrat,
Kar bien la porrat surmunter
10692   Ki se peine de cuntrester.'

10660 face *added above* feit *as alternative*   10683 c *of* entice *reformed from* s *with* entice *repeated in right margin*

'Uncore est bien,' ceo dist Clement, *289r*
'Que vus menbre, mes nequedent
Od tut ceo que en recordez
10696 Uncore en estes forveez.'
  'Ne me devez acheisuner,'
Dist li vieillard, 'ne trop blasmer;
Si jeo ai mespris, sil pardunez,
10700 Poi uncore sui en cest usez!
Kar jeo me tieng des ier cunclus
Que tant parlames entre nus;
Bien ai la verté entendu
10704 E par ceo me i sui assentu,
Mes mun curage nepurquant
Ne puis uncore afermer tant
Que ceo que a ma salu apent
10708 Peusse creire parfitement.
Ne puis aver le queor delivre,
Tuz tens me tient cume une fievre
Ki mult eit hume traveillié
10712 E puis le eit aukes releissié,
Mes nepurquant ne l'ad guerpi
Par si que bien en seit guari
Quant lui en sunt frisçuns remis
10716 Ki mult lui funt suvent ennuis.
Tut ausi sui jeo turmenté
Partant que jeo ai lunges esté
En la sentence ki tuz tens
10720 Vers destinee atreit mun sens,
Kar jeo me sui tant aparceu
Pur poi de quanque me est avenu
Que tut issi le ai asené
10724 Sicum il me fud destiné,
Par quei mun queor tuz tens se treit *289v*
Vers destinee, tant la creit.'
  'Pere,' dist Clement al vieillard,
10728 'Ore entendez bien a cele art

10700 sui vncore *reordered by double oblique lines*

Dunt tant vus estes entremis
U vostre queor est tant asis;
La nature bien esguardez
10732 De ces ki sunt en la art usez,
Kar li plus cuinte en mesprent
Par faute de l'esperement:
Il ne funt si mentir nun,
10736 Si oez purquei la reisun!
Mettez a reisun a une part
Un de ces ki usent cele art;
Mustrez lui que une aventure
10740 Vus avint e a tel ure,
Puis enquerrez que il vus die
Sulung la art de astronomie
Queles esteilles unt ceo feit,
10744 Il vus dirrat que bien le seit.
Si aventure lui mustrez
Dunt vus eiez esté grevez,
Il vus mettrat demeintenant
10748 Les esteilles males avant,
Si vus dirrat que par eus fu
Tut quanque vus iert avenu.
Puis a un autre vus turnez
10752 E autre part celui traez:
Mustrez lui de aucune afaire
Ki al premier seit tut cuntraire;
Dites lui le tens e la ure
10756 De aucune bone aventure
Ki vus est turné a pru *290r*
Pur saver dunt ceo est avenu,
Mes bien vus guardez de changier
10760 La ure dunt deistes al premier;
Meimes la ure que vus mustrastes
Quant al premier del mal parlastes
A l'autre aprés del bien mustrez,
10764 E cil en iert tost cunseilliez.
Des esteilles chaudpas dirrat
Ki bones sunt, sis numerat;

Mult mettrat peine de mustrer
10768   Reisuns de bien par mult parler.
Quanque li uns del mal parlat,
Li autre a bien turner vuldrat;
Tut seit une meisme ure
10772   E diverse la aventure,
Tant vuldrat dire li secund
Des esteilles ki bones sunt
Par la ure e le tens acupler
10776   As esteilles pur acorder,
E tant irrat envirunant
Par ses reisuns mustrer avant
Que tut a force vus mettrat
10780   A tant que creire vus en frat
Que de bones esteilles vint
Trestut le bien ki vus avint,
E que par reisun e par dreit
10784   Tut avenir issi deveit.
Autant dirrat devers le bien
Li secund astronomien
Cumme li premiers des einz vus dist
10788   Ki ses proeves del mal vus fist,
Partant les poet l'um entercier   *290v*
Que il el ne funt forz genz trechier.
Bien de tel art seez purveu
10792   Que ne en poet surdre puint de pru:
Trop est turnee a mençunge
E mult ad grant semblant de sunge,
Kar quant hume ad mult sungié
10796   E puis de sumne est esveillié,
Si il par sei ne entent mie
Que le sunge signefie,
Pensif en est quant il ne seit
10800   A quei le sunge turner deit.
Mes si lui vient puis aventure

10770 *first* r *of* turner *interlinear addition*   10796 sumue   10799 il *scored through*
between Pensif *and* en

U il le peusse mettre sure,
Dunc a primes le sunge entent
10804   E sulung ceo le espunt e prent.
De destinee tut ausi veit:
Ja ne iert hume ki seur seit
Par esteille ki seit el ciel,
10808   Ne par planete, ne par el,
De chose ki seit a venir;
Veer le estoet einz, u oir.'

Autres reisuns i dist Clement
10812   Dunt faire estoet abregement;
De tutes dire lung serreit,
E aucuns se ennuiereit.
A sun pierre plout si bien
10816   Que ne lui sout desdire rien,
Mes testimoine lui portat
Que reisum iert quanque il parlat.
Tant i sistrent, tant i parlerent
10820   Que genz as portes se assemblerent
Ki grant desir de entrer aveient,   *291r*
Kar en mult grant espeir esteient
De granz profiz laeinz encuntrer,
10824   Partant i voudrent mult entrer.
Uns huem survint ki cest lur dist,
E seint Pierre tuz entrer fist;
Li lieus fud larges, e mult genz
10828   I out ki tuz entrerent laenz.
Seint Pierre as suens desdunc ad dit
Quant si granz genz entrer i vit:
'Liquels de vus treis mielz vuldrat
10832   Oiant cest pueple parlerat
De la lei que paens tienent,
Kar granz genz pur nus ci vienent.'
'Mun seignur Pierres,' ceo dist Clement,
10836   'Granz biens en vus vei e entent;

10820 gentz *with* t *expuncted*   10831 mielsiz

Jeo pris mult tut vostre afaire,
Kar mult me semblez deboneire.
Duz hume e suef ad en vus,
10840   E bien le mustrez ci vers nus;
Mult estes buntif e suffrant
Quant vus nus vulez graanter tant
Que devant vus osum parler
10844   E quanque nus plest demander.
Ke unkes mes aillurs cest ne vi
Ne de autre hume tant ne oi
Cum nus avum ci veu en vus,
10848   Kar vus ne estes pas ennvius:
Mult vus alez humiliant
E ne estes mie desdeinnant,
E ceo nus ad vers vus atreit
10852   Que tuz tens estes en bon heit.
De ceo nus creit mult le talent   *291v*
De entendre a vostre enseinnement.'
     Dist seint Pierre: 'Ne vient mie
10856   De desdeing tut, ne de envie,
Que asquanz ne vuelent pas graanter
Que l'um les peusse areisuner,
Mes grant partie de ceo vient
10860   Que il tant se sentent nescient
Que quant a reisun mis serreient,
Granment respundre ne en savreient;
E si en fussent aparceu
10864   Que ne en seussent respundre pru,
Ne peust estre que hunte ne eussent
Si de lur los rien perdre deussent
Par estre tenu nunsavant,
10868   Pur ceo se vunt tant defuiant.
Mes ne en deussent hunte aver,
Tut ne peussent il tut saver,
Kar ne est hume ki sace tant
10872   Que mestier ne eit de aprendre avant.
Si nostre meistre, ki tut seit
E par ki le mund est tut feit,

Ne vout pas dire que tut seust —
10876 Bien nepurquant dire le peust,
Mes tut le mist sur Deu le Pere
E dist que il sul feseit a creire —
Dunt vient que hume vanter se ose
10880 E dire que il seit tute chose
Pur faire genz de sei parler
E pur un poi de pris aver?
Par essample de nostre meistre
10884 Bien entendum que ne poet estre
Que hume vive ki plus sace
Fors tant cume Deu lui dune grace:
Tute science seit Deu sul,
10888 Ki sace tut ne est fors lui nul.
Tant nepurquant apris avum
Cum est mestier que nus saçum,
E tant cume Deu purveu nus ad
10892 Que bien suffire nus porrat.
La science bien nus suffist
Que nostre meistre nus aprist;
Querre ultre ceo mes rien ne estoet,
10896 Ceo que il nus dist suffire poet.'
          Dist Clement: 'Mun seignur Pierres,
Quant a Triple fumes ne ad guerres,
Granment me fist esmerveillier
10900 Ceo que vus oi la parler.
L'um ne parole fors hebreu
El pais dunt estes eisseu;
Nurriz estes en ceo de enfant,
10904 Mes jeo me aparçui nepurquant
Que tant parlastes bien en grieu
Cum si en us le eussez mult eu;
Reinablement mult i parlastes
10908 E des ystoires i tuchastes
Que cil de Grece unt mult en us
Quant il funt festes a lur deus,
Mes de lur fables nequedent
10912 Ne avez mie apris granment.

292r

Mult sunt lur fables replenies
De ordures e de felunies,
E si vus plest, jeo vus dirrai
10916   Aukes de ceo que oi en ai;
Tut de chief en vuil cumencer   *292v*
Si vus me en vulez escuter.'
     'Mult feites bien!' ceo dist seint Pierre.
10920   'Bien orrum ceo que en vuldrez dire,
E mult en feites a preiser
Que vus nus aidez a precher.'
     'Jeo en dirrai,' ceo dist Clement,
10924   'Quant vostre pleisir en entend,
Mes jeo rien pur enseinner
Ne dirrai, fors sul pur mustrer
En quel errur li paen sunt
10928   E cume fole entente il unt.'
     Atant vout Clement avant dire,
Mes Niceta, sun einzné frere,
Ses levres morst cume lui despleust,
10932   Si lui fist signe que il se teust.
     Seint Pierre bien se en aparceut,
Mes li semblant rien ne lui plout;
Vers Nicetam lores turnat
10936   E del semblant le chalenjat:
     'Niceta,' ceo dist, 'dunt vus vient
Que desturber vulez Clement?
Faire nel deussez a nul feor,
10940   Kar ceo que il feit vient de franc queor.
Purquei blescez vus sa nature
Ki vient de noble nureture?
E quidez par lui faire taire
10944   Que vus me en peussez onur faire?
De cel onur ne tieng jeo plait,
Kar petit est e tost tresvait.
Dunc ne savez vus que trestuz
10948   Ki sunt a Deu par mei renduz

10938 rb *of* desturber *written on erasure*

E nostre fei unt recuilli, *293r*
Si puisque a Deu sunt cunverti
De tel valur tuz estre peussent
10952 Que la fei Deu tuz preecher seussent
E peussent autres a Deu traire —
Sicum il eussent mei veu faire
E cume par mei apris le avreient —
10956 Onur e gloire grant me freient?
Si devient, vus alez pensant
Que jeo voise gloire querant?
Quel gloire porrat greinnur estre
10960 Que de aturner a nostre meistre
Jesu Crist disciples vaillanz
E ki ne seient trop taisanz
Pur sei sul sauver senglement,
10964 Mes ki mustrent hardiement
Que par bon feit, que par veir dit
Ceo que a plusurs turnt a profit,
E sulung ceo que apris avrunt
10968 Mustrent avant ceo que il savrunt?
Bel me serreit que vus, Niceta,
E vus, mun duz fiz Aquila,
A precher me succurissez
10972 E la parole Deu deissez,
En tant mieuz que vus savez bien
En quel errur sunt li paen
E que vus mieuz dire savez
10976 Ceo que espruvé granment avez.
Nel di pur vus dous senglement
Que issi me vendreit a talent,
Mes tut ausi pur tuz le di
10980 Quanque sunt a Deu cunverti, *293v*
Kar tuz vuldreie que tant seussent
Dunt autres bien asenser peussent.
Li siecle est plein de granz errurs

10965 veir *written on erasure by corrector*   10969 cum vus *with* que v*us added in right margin*   10978 me *interlinear addition above erased minim*

10984	E mestier ad de granz succurs;
	Granz aies estust aver
	Pur le siecle a bien turner.'
	Quant seint Pierre tant dit aveit
10988	Cume sun avis a l'ure esteit,
	Vers Clement se en returnat
	E oiant tuz le cumandat:
	'Clement,' ceo dist, 'avant alez
10992	En ceo que en purpos aviez!'
	Dangier faire ne vout Clement
	Puisque il en out cumandement:
	'Sicume,' ceo dist, 'des einz diseie,
10996	Quant a Triple od vus esteie,
	Mult vus oi la parler bien
	Des deus que aurent li paen,
	E jeo en dirrai, vostre oiant,
11000	Quant si le vulez, plus avant.
	De fables e de soties
	Vus musterai lur trufleries
	Pur faire entendre a ceste gent
11004	Cum il meseirent malement,
	E que acuinté mieuz en seez
	Partant que dire mei en orrez.
	Ceo dient cil ki sunt tenuz
11008	Entre paens sages e pruz,
	E de lettrure tant apris unt
	Que de saveir alosé sunt,
	Que einz que feit feussent ciel e terre
11012	U que aparust puint de lumiere,
	Fud tute rien entremedlee
	Senz ceo que chose i fust furmee;
	El mund n'i aveit puint de façun,
11016	Mes tut fud en cunfusiun.
	N'i out puint de desevrement,
	Kar feu e ewe e terre e vent
	E autre rien ensemble jut,

294r

10995 *letter erased after* S *of* Sicume

11020   Kar entremedlé fud trestut.
       Tant jut ensemble la medlure
       Que ensemble prist e devint dure;
       Furme de oef prist, mes grant fud mult,
11024   Kar tut cumprist quanque estre deut;
       Defors fud dure e escale fist,
       Mes tute mole dedenz remist.
       Tant lunges jut ensemble issi
11028   Que ele crevat, si en eissi
       Une beste ki mult iert grant
       E ki aveit de hume semblant;
       Duble figure en sei aveit,
11032   Kar hume e femme ensemble esteit:
       Od cele furme eissi clarté
       Quant cil grant oef esteit crevé.
       Cele beste fist engendrure
11036   Dunt puis surst autre creature:
       Ele engendrat Substance avant,
       Prudence fud sun autre enfant;
       Li tierz aprés out nun Muver,
11040   E li quarz out nun Asembler;
       De ces quatre surst la mateire
       Dunt sunt tut feit e ciel e terre.
       Sis madles sunt del ciel eissu
11044   Ki ne unt pere fors le ciel eu,
       E de terre femeles sis   *294v*
       Ki as sis madles se sunt pris;
       Li paen vunt de ces disant
11048   Que surs en est lignage grant.
       Un dé sis ki fud el ciel nez
       Saturnus esteit apellez;
       Cele fud Rea apelee
11052   Que celui prist en terre nee.
       Cil Saturnus apris aveit
       Ceo que destiné lui esteit

11020 entremedlee *with final* e *expuncted*   11034 *letter erased between* Quant *and* cil
11052 de *added above* en *as alternative*

Que il tel enfant engenderreit
11056 Ki plus puissant de lui serreit
E ki lui toudreit sun onur;
Saturnus en out grant pour,
E pur cest peril eschaper
11060 Pensat que il vuleit devurer
Ses fiz tant tost cum nez feussent
Que plus force de lui nen eussent.
Sun premier fiz Orcus out nun,
11064 Li autre fud numé Neptun,
Mes tant tost ne pourent nestre
Que lur pere ne se en vout pestre:
Il les prist, sis devurat,
11068 De ces dous mes ne se dutat.
Orcus fud le einzné enfant
E fud devuré tut avant;
Neptun aprés fud engendrez
11072 E pris tant tost cum il fud nez:
Devuré fud aprés sun frere,
N'i valut amur ne preere.
Un tierz fiz fud puis engendrez
11076 Ki Jupiter fud apellez;
Quant sa mere enceinte en fu,   *295r*
De sun enfant ad pitié eu,
E cumençat a purpenser
11080 Cument le enfant peust delivrer.
Quant la ure vint que enfanter deut,
Pur le enfant, ki crier vout,
Avant venir i fist juglurs
11084 Pur ferir cimbes e taburs
Que quant li enfés gettreit cri,
Pur la noise ne fust oi.
Quant Saturnus se iert aparceu
11088 Que sa femme delivre fu
Pur le ventre ki grcdle esteit
E meins levé que il ne soleit,

Mult demandat u fust le enfant
11092 E que il lui fust porté avant,
Kar tant de lui faire vuleit
Cum des dous premiers fait aveit.
Purpensee se en fud la mere
11096 E tendi avant une pierre:
"Autre fiz," ceo dist, "ne en ai
Fors ceste pierre que enfantai."
Saturnus quidat que veirs fust
11100 E que autre enfant sa femme ne eust:
En sa buche la pierre mist,
E[n] sa gorge passer la fist.
Quant en sun ventre vint la pierre,
11104 Chargié furent li dui frere
Ki des einz devuré furent
Tant que demurer mes n'i pourent.
Orcus se en eissi tut avant,
11108 Neptun aprés le vint siwant;
Ambedui desuz fors se en alerent   *295v*
Ki pardesus des einz entrerent.
Orcus, qui primes se en eissi,
11112 En bas remist, kar bas chai;
Orcus suz terre tut remist,
Neptun plus haut aukes se asist:
Sur ewe chai a l'eissir,
11116 De la ne vuleit puis partir.
Jupiter fud li tierz frere,
Celui saisi Rea sa mere;
Une chievre le fist munter
11120 Ki tresque al ciel le deut porter;
Cil sur la chievre tant se tint
Que tresque al ciel lasus parvint.
Iloec est deu, ceo vunt disant
11124 Cil ki lui vunt sacrifiant:
Tels fables unt paens en us,

11095 est *expuncted between* se *and* en   11121 tiint *with second* i *expuncted*   11122 ciel la *written on erasure; interlinear* suz *added by corrector, with* sus *in left margin by scribe*

E uncore redient plus.
Cil Jupiter tut sa vie
11128   Duné se fud a lecherie:
Il prist a femme sa surur,
Mes ne lui portat fei ne amur;
Juno lui fud femme e surur,
11132   En ceo ne iert il de rien meillur
Que beste mue ki ne entent
Quel lei a parenté apent.
Mult cumençat mal en juvente,
11136   Kar fidle, niece e parente
Vers lui ne pout aver duree
Que par lui ne fud defulee
Femme, espuse e meschine
11140   U autre ki lui fud veisine.
A lui cuvint tut estre encline,   *296r*
U il la prendreit a ravine;
Ja de femme tempté ne fust
11144   Que si il vuleit, tute ne l'eust.
Mes tut feust il de grant puissance,
Mult nepurquant out grant dutance
Que sun pere autre fiz eust
11148   Ki plus forcible de lui feust,
Pur ceo meut guerre vers sun pere,
Nel suffri peis aver en terre;
E ses freres puisnez de lui
11152   Tant od sun pere parsiwi
Que rebuté furent ariere,
Partant se prist plus vers sun pere.
Tant le parsiwi que il le prist
11156   E que en trop durs liens le mist;
Les genitaires lui toli,
Ne vout que eir mes venist de lui,
Kar il se dutat de engendrure
11160   Ki puis lui vousist curre sure.

11131 fud *interlinear addition by corrector*   11143 ne fud *underlined and scored through between* femme *and* tempte, *and surrounded by double oblique lines*   11144 il *expuncted between* Que *and* si   11148 Mes tut *scored through before* Ki

Uncore dutat Jupiter
Que sun pere peust recuvrer;
Aseurer mieuz se vuleit
11164 De ceo dunt sun pere iert deffeit:
En la mer les menbres ruat,
Desdeunc mieuz se en aseurat.
Mes quant le sanc vint en la mer
11168 Ki currut hors par le couper,
Que ça, que la tant fud geté
E de granz wagges tant hurté
Que escume en surst e muntat sus
11172 Dunt, ceo dient, nasqui Venus
Ki de amur est deuesse dite, *296v*
Issi en est la fable escrite.
E ceste purvit Jupiter
11176 E asez autres dunt cunter
U neis a penser lung serreit,
E del cunter poi pru surdreit.
Il se sout sovent desguiser
11180 E sa furme suvent changier
Quant femme truvast u meschine
Ki ne lui veusist estre encline.
Quant les espus de l'ostel furent
11184 Ki les beles espuses eurent,
Dunc se feseit de tel façun
Sicume ceo fussent li barun:
As espuses issi veneit
11188 E sa folie en feseit;
Ne se en aparceurent mie
Tresque fust feite la folie.
Autres figures prist plusurs,
11192 Sicume le cuntent ces fableurs,
Dunt il deceveit les puceles
E autres femmes que il vit beles:
Dragun deveneit u serpent,
11196 Oisel u beste asez suvent;

11178 *first* r *of* surdreit *interlinear addition*

Egle, vultur, cigne se fist,
Que en tor, que en urs suvent se mist;
Tels muisuns asez feseit
11200   E trop genz partant deceveit.
Fiz e fidles aveit plusurs,
Mes trop lur fud cruels e durs:
Plusurs en oscist e damnat,
11204   La mustrat que poi lur amat;
Les femmes mist a hunisun,   *297r*
Les madles a perdiciun.
Cest vunt li paen cunuissant
11208   Del deu que il tienent tutpuissant;
En lui cunuissent mals asez
Dunt reisun est que il seit blasmez
E dunt humes damné serreient
11212   Si de tels maus pruvé esteient,
E nepurquant lur deu en funt,
Partant pert bien que avegle sunt.
L'um en porreit asez plus dire,
11216   Kar mult i ad de la mateire.
Cil Jupiter qui est sur tuz,
E les autres ki sunt desuz —
Mes nepurquant sunt deus clamez —
11220   Que humes, que femmes unt muez
En tels figures e en tantes
Que fort serreit a numbrer quantes.
Asez furent mué plusurs,
11224   Tels en herbes, e tels en flurs,
Tels en bestes, tels en oiseaus,
Tels en funteinnes u ruisseaus;
Des uns i out muez en arbres,
11228   E des autres asquanz en marbres.
En esteilles plusurs muerent
E tresque al ciel les translaterent;
Ne ad gueres signe, ne planete,

11221 figurnes *with* n *expuncted*   11224 *line written at foot of column with letters added in right margin to indicate correct position*

11232 Ne esteille dunt li poete
    En lur escriz nen eient mis
    Que tuz furent homes jadis,
    U beles femmes u autre chose
11236 Dunt la fable seit bel parclose,
    Kar pur les fables enbelir   *297v*
    En tels choses soelent finir.'
     Asez de cest i dist Clement,
11240 Mes plus parlat prolixement
    Que jeo ne ai feit, kar il numat
    Quels femmes Jupiter amat.
    Par nun i dist en grant partie
11244 U il out feit sa lecherie;
    Fiz e fidles, dunt mult en out,
    Numat oiant ki oir vout;
    De l'engendrer dist la maniere,
11248 Kar asez sout de la mateire.
    De ses enfanz tut ausi dist
    Lesquels par nun il a mort mist,
    E quels e quanz i dist par nun
11252 Lur pere mist a hunisun,
    E ki fust mué en esteille,
    Feust ceo sun fiz, feust ceo sa fidle,
    Ki en beste, ki en oisel,
11256 Ki en arbre e ki en el.
    Quant tant out dit que ne vout mes,
    Seint Pierre respundi aprés:
     'Si tut est veirs quanque il unt dit
11260 E quanque il unt mis en escrit —
    Que humes, que femmes mué furent
    En autre furme que einz nen eurent,
    Cum en esteilles, oiseaus, bestes,
11264 E cum en el dunt mult vus estes
    Pené de nus ci acunter —
    Sulung lur dit devrat sembler

11246 en *lightly erased and crossed out in plummet (by revisor?) after* Numat 11263 en
interlinear addition by corrector

Que beste mue e oisel,
11268 Flur e funteine e ruissel
E autre rien dunt dit avez   *298r*
Ne furent einz que issi muez
Feussent humes en tel figure,
11272 Mes cumencerent de cel' ure.
Tresque tant fud tut senz esteille
Li ciel lasus, si iert merveille
Cument les humes ki einz furent
11276 En ceste vie vivre pourent
Quant il ne eurent eise ne pru
Des biens que en deussent aver eu,
Kar vie de hume ne ad duree
11280 Si par tels choses ne est aidee.'
     'Grant merveille est,' ceo dist Clement,
'Que en tel errur se tienent gent
E que pur deu tienent celui
11284 Ki de tuz maus fud repleni.
Jupiter fud mal lechierre,
Pleit ne teneit de adulteire;
A sun pere grant vilté fist
11288 Quant a grant dulur le desfist;
De homicide ne teneit pleit,
En tuz ses feiz esteit maleit.
De tut cest ne desdient rien,
11292 Mes mult en chantent li paen;
Damné serreit e a mort mis
Ki en tels feiz feust ore pris.
Dunt vient dunc que il tel le onurent,
11296 E quant tel fud, pur deu le aurent?
Si il est deu par tanz maus faire
Dunt neis laid est de trop retraire,
Tut ausi quanque tels maus frunt
11300 Estre tenuz pur deus devrunt,
Kar homicides e lechurs,   *298v*
Les avuiltres e les trichurs

11286 alidulteire *with* li *expuncted*   11294 prist

Deit l'um partant pur deus tenir,
11304　Pur deus clamer, pur deus servir.
Mes nepurquant ne puis saver
Cument il poent onurer
Le mal en lui tant parissant
11308　Dunt il ireient mult blasmant
E mult en autres damnereient
Si tels crimnes en eus saveient.'
　　　Dist seint Pierre: 'Quant nel savez,
11312　Jeol vus dirrai, si l'apernez!
Tut en avant pur ceo le funt
Que partant que parlant en vunt,
Mieuz se quident del deu faire
11316　Par ses uveraines avant traire.
De autre chose vient ensement
Que vers ces deus tant traent gent,
Kar li poete qui jadis
11320　Eurent de escrivre los e pris
De ces fables par vers treiterent,
De tels i out qui en diterent;
Remis en sunt de lur escriz
11324　E sunt en us pur les beaus diz.
A ces escriz mettent entente
E en enfance e en juvente
Ki lettrure vuelent saver;
11328　A peine puis porrunt leisser
Que il ne tiengent a ceo tuzdis
Dunt en juvente ierent apris.'
　　　A ces paroeles respundi
11332　Niceta quant out tant oi:
　　　'Mun seignur Pierres, nel quidez　　　*299r*
De ces qui furent ja lettrez
E sagez genz furent tenu
11336　Que autres reisuns ne en eient eu,
Kar mis i unt allegories
Dunt il dealbunt les vilainies!

11321 par *interlinear addition by corrector*

Des fables tienent poi de pleit
11340   Fors que en essample les unt treit;
Par semblance vuelent pruver
Ceo que par sei ne poet ester;
A ces fables mettent culurs,
11344   Tuz nepurquant sunt menturs.
E si vus plest que jeo endie
Le sens de lur allegorie,
Sulung ceo que retenu le ai
11348   Lur sentences vus musterrai.
Mes nepurquant nes vuil mustrer
Par si ques vueille cunfermer,
Mes pur vus mustrer lur entente:
11352   Deu ne place que me i asente!'
      Seint Pierre en dunat le cungié,
Par quei Niceta ad cumencié:
      'En Grece,' ceo dist, 'furent jadis
11356   Dous meistres tenu de mult grant pris:
Li uns de eus out nun Orpheus,
E li autre Hesiodus;
A ces dous se sunt tuz tenuz
11360   Li meistre ki sunt puis venuz.
Orpheus ne diseit autrement
Fors ceo que dit vus ad Clement;
Hesiodus el en diseit,
11364   Kar les fables a sens turneit:
Il en fist espositiun,   *299v*
Mes trop est fieble sa reisun.
Saturnus est li plus luintein
11368   Dunt li ancien escrivein
En lur livres eient escrit:
Hesiodus ad de lui dit
Que cil meismes en grieu out nun
11372   Cronos, dunt la interpretisun
Autre chose ne dit fors "tens",

11345 plust *with* u *expuncted and* e *added above*   11371 en grieu meismes *reordered by oblique lines*

Kar en cest mot ne ad autre sens.
Saturnus fud si ancien
11376 Que avant de lui ne seit l'um rien;
Tut ensement avant de tens
Ne poet nuls tendre sun purpens.
Saturnus Ream a sei prist,
11380 A lui se tint, sa femme en fist,
E partant que se asemblerent,
Enfanz plusurs engendrerent.
De cest est la allegorie
11384 Que cele Rea signefie
La mateire dunt tute chose
Est cunceue e puis desclose:
De tens e de mateire vient
11388 Tut quanque ciel e terre tient.
Orcus, Neptunus, Jupiter
Furent lur fiz, mes tut cunter
E tut espundre ici ne puis
11392 Quanque en escrit de ces treis truis,
Mes tant en dirrai nepurquant
Que Orcus, ki iert li einzné enfant,
Out Aides en grieu a nun,
11396 E cil meismes out nun Plutun;
Cil Plutun Enfern signifie   *300r*
Ki suz terre est e ne pert mie.
Li secund fiz esteit Neptun,
11400 Ceo est le element ki ewe ad nun;
E Jupiter fud li derein,
Mes des treis fud li suverein:
Cil signefie le eir en haut;
11404 Freiz sunt les autres, e cil est chaud.
Par Junein, ki lur surur fu,
Est li plus bas eir entendu
Ki entre ciel e terre est maein;
11408 Cil eir signefie Junein,
Vulcan feu, le soleil Phebus,

11397 signific *with* c *expuncted and* e *added above*

Mars grant arsun, beauté Venus;
E Mercurius ki vole,
11412   Cil signefie parole.
E pur briefment la reisun rendre
Que l'um la peusse mieuz entendre,
Tut surt de tens e de mateire
11416   Quanque est el ciel e quanque en terre;
Terre e ewe e eir e ciel
De ceo surdent, e quanque en el.
Jupiter out grant puissance,
11420   Dunt sun pere out grant pesance;
Tant le chaçat que il le prist
E des ses menbres le desfist
Que mes engendrer ne poeit,
11424   Ferm le liat e tint estreit.
Ceo est a dire que le eir plus haut
Fort est partant que mult est chaud;
Par la chalur qui vient de l'eir
11428   Ad tens perdu tut sun poeir.
Ne poet de tens mes rien venir,   *300v*
En ceo que il est le estoet tenir:
Pur nient mes se assemblerunt
11432   Tens e mateire, mes ne frunt
Chose ki ne eit des einz esté,
Ne en surt mes rien de nuveauté.
Feit est li mund, e feites sunt
11436   Tutes les riens ki sunt el mund;
Tut se asemblent tens e mateire,
Mes mund nuvel ne porrunt faire.
Issi le dist Hesiodus,
11440   E autres puis i distrent plus;
De lur escriz i ad asez
Ki uncore ore sunt usez,
Mes purquei mes de cest dirreie
11444   E en plus dire demurreie?
Kar tut pur poi de tels culurs

11431 nient des mes

Coevrent li paen lur errurs,
E par tels allegories
11448 De fables funt philosophies.'
      Quanque Niceta dit i out
Sun frere Aquila oi tut;
Plus i out dit que jeo ne di,
11452 Par quei Aquila respundi:
      'Mult fud malveis e fel,' ceo dist,
      'E de folie se entremist
Ki cuntruvat premierement
11456 E escrist ceo dunt pru ne vient,
Kar en chose bien parissante
E ki par sei est bien seante
Ne est mestier que par fauseté
11460 Pruvee seit la verité;
E quant chose est en sei bele,   *301r*
Mestier n'i ad [de] tritevele
Ne de vilaine cuntru[v]ure
11464 Pur pruver beauté par ordure.
En ordure turner beauté
E en mençunge verité
Ne vient si de folie nun
11468 Quant il n'i ad puint de reisun,
Kar ja par tel allegorie
Ne iert hume amendé de sa vie:
N'i ad puint de moralité,
11472 Ne de pru, tut est vanité,
Mes nepurquant ceo que jeo en sent
Dirrai pur vostre amendement.
      Quanque genz dient de lur deus
11476 Trestut fud veir, tuz furent tels
En ordure e vileinie,
Senz ajuster allegorie.
De quanque en vunt disant paen
11480 Al mien escient ne en mentent rien;

11464 nette *added above* beaute *as alternative*   11473 que *interlinear addition by corrector,*
although revisor has added le *to right of text*

Par simple gent ki jadis furent
E poi de reisun en sei eurent
Furent lur fiz mis en menbrance,
11484   E il meismes en onurance.
Plus cuinte gent sunt puis venu
Ki de l'errur sunt aparceu,
Mes ne pourent, tut fussent sage,
11488   Remuer sei de lur usage.
E quant a tant ne pourent traire
Que le usage peussent desfaire,
Les fables, qui sunt repleinies
11492   De deslavees vilainies,
Turnerent en allegories   *301v*
Que partant fussent enbelies.
Mes nepurquant puint de profit
11496   Ne surt de quanque il en unt dit:
Cil ki paens pur deus aurent
Trop maleurez e malveis furent.
Mes tut fussent il de orde vie,
11500   Plus sunt a retter de folie
Cil ki seivent que il furent tels
E nepurquant en funt lur deus.
Asez devreit sembler reisun
11504   Que mult pener se en deust chescun
De tel estre cum cil deu furent
Que il tant recleiment e onurent.
Saturnus est uns de lur deus,
11508   Cels kil servent deviengent tels:
Facent sei meimes espaer,
Partant devrent sun gré aver
Quant tels serrunt cum il esteit
11512   Ki ses menbres perdu aveit;
Tel le seignur, tel le serjant,
Le cuple en iert le plus avenant!
Facent ausi des autres deus,

11504 en *interlinear addition by corrector*   11505 feurent *with first* e *expuncted*   11512 m
of menbres *written on erasure*

11516 Peinent sei tant que il seient tels,
Kar tel le deu, tel ki le aure,
Kil feit issi sun deu onure!
Mes tut cest ne est si gabbeis nun,
11520 Kar bien nus dit nostre reisun
Que de folie se entremist
Ki tels errurs en livre mist;
Ne deussent pas estre receu
11524 Tels fous escriz, mes mis el feu.
Veer nes deussent joefne gent
Pur mettre malveis fundament,
Einz les deust l'um endoctriner
11528 E par reisun a bien turner.
Mun seignur Pierres, si vus plest,
Le vostre avis dirrez a cest.'
    Tant e plus i dist Aquila;
11532 Quant il se teut, lores parla
Seint Pierre, ki tut prest aveit
Quanque respundre en deveit:
    'Cert seez,' ceo dist, 'e seur,
11536 Beal fiz Aquila, que en le errur
Que paens tienent ne ad reisun,
Ne rien si cuntruvure nun!
Purveu le ad Deu que il issi seit
11540 E que de reisun puint n'i eit,
E que en ceo ne eit puint de beauté
Ki est cuntraire a verité.
Lur cause est laide e replenie
11544 De fauseté e vilainie,
Pur ceo ne poet aver duree
Que tuz tens ne seit cumpruvee;
Kar si lur cause tele fust
11548 Que de verité grant semblant eust
E que l'um la peust faire tele
Que puint i eust de reisun bele,
A peine serreit truvé hume

302r

11529 plust *with* u *expuncted and* e *added above*   11535 *letter erased before* seez

11552	Ki leisser vousist sa custume
	E pur turner a verité
	Guerpir vousist la fauseté.
	Kar od tut ceo que trop vilaine
11556	Est lur cause, a mult grant peine
	Poet l'um truver ki cunvertir
	Se vueille a Deu pur lui servir;
	E que en serreit si tele fust
11560	Que reinable defense i eust?
	Quels huem voudreit le errur guerpir
	Tant cum il le peust guarentir?
	Queor de hume se tient fermement
11564	En ceo que en sa juvente aprent;
	Hors de queor iert a peine mis
	Ceo que en juvente avrat apris,
	Pur ceo le ad Deu issi purveu
11568	Que de legier peust estre seu
	Que laid est le errur e vilain
	E de trop granz ordurs plein,
	E que l'um peust senz grief entendre
11572	Que reisun i faut pur defendre.
	Purveu le ad Deu de cest mult bien,
	Tut ausi feit il de autre rien:
	Quanque Deu feit tut turne a pru,
11576	Tut ne l'eium nus entendu;
	En quanque il feit ne ad si bien nun,
	Tut ne en veum nus la reisun.'
	Tant aparmeismes dist seint Pierre,
11580	Mes plus asez i distrent li frere,
	Kar chescun de eus asez diseit
	De ceo que apris des einz aveit
	De fables e allegories;
11584	Aprés ceo des philosophies,
	E queles furent les glosures
	Ki enbelirent les ordures;

302v

11552 uousist eissir de *added above* leisser uousist *as alternative*   11561 guerpi *with
following letter erased and* r *added to right of text*   11569-70 *see note*   11580 Mues *with* e
erased

E des meistres qui jadis furent
11588   Ki les mateires turné eurent,
E entre glose e la lettre   *303r*
Penerent sei de acorde mettre;
E cument chescun dit i out
11592   Tel reisun cum dire sout,
E tant mustrat signifiance
Cum il pout truver cuncordance.
De cest parlerent asez la
11596   Clement, Niceta e Aquila,
E en tut ceo que il la parlerent
Le errur as paens i mustrerent.
      Escuté i out bien seint Pierre
11600   A quanque chescun i vout dire.
Parlé i out dereinement
Niceta, partant que Clement
Requis le en out que il lur deust dire
11604   Ceo que en escole oi ja lire
De une noesces u les deus tuz
A un super furent venuz.
Al dit as paens, tuz lur deus
11608   Se asemblerent quant Peleus
Une meschine a femme prist,
Thetis out nun; Niceta dist
E cuntat tut la fable avant,
11612   Puis la alat tute espunant
E turnant a philosophie,
Mes ne vus en servirai mie
Tant que des noesces plus vus die,
11616   Kar tut est faus e truillerie.
E nepurquant cil escutat
Seint Pierre quant cil le cuntat;
Truvé, ceo dist, fud cuintement,
11620   Tut ne en sursist amendement.

11592 i *expuncted between* dire *and* sout   11598 mustrererent   11604 *line written after*
11600 with letters added in left margin to indicate correct position

Atant se teurent li trei frere,
Si entendirent vers seint Pierre.
Lores lur dist: 'Mult me est avis,
11624 De grant engin furent jadis
Cil ki tels choses cuntruverent.
Mult se entremistrent e penerent
De truver chose e mettre avant
11628 Ki fust verraie par semblant,
Pur tresturner en onesté
Ceo que par sei ne est fors vilté;
Lur escriz sauver en vuleient
11632 Ki puint de bien en sei ne aveient.
Mes l'um ne deit pas issi faire
Quant l'um devrat la lei Deu traire
E mettre avant, kar la apent
11636 Que l'um en treite sagement.
Nel deit nuls huem par sei enprendre
Que par sun sens la peusse entendre;
Autre doctur aver cuvient,
11640 Kar propre engin ateint a nient
Si autre meistre od tut n'i eit
Ki de Escriptures apris seit.
L'um poet escriz asez truver
11644 Ki legiers sunt a tresturner,
Pur sentences diverses mettre
Senz rien remuer de la lettre,
Mes de sentences trop changier
11648 En Escriptures ne ad mestier:
Ne deit l'um pas Seinte Escripture
Trop tresturner par mettre sure
Tels sentences ki ne unt esté
11652 Par sens de propre volenté,
Pur aver en autorité
Cuntre reisun e verité.
Des Escriptures deit venir
11656 Le sens a ki l'um deit tenir;

11650 tres *of* tresturner *interlinear addition by corrector*

Ne deit l'um chose mettre avant
Ki de Escripture ne eit guarant
E siute bone que veirs seit
11660 Ceo que l'um avrat avant treit.
Pur ceo le estoet bon meistre aver
Ki bien deit autres enseinner;
Mes puis quant tant apris avrat
11664 Que ferm e seur en serrat,
Desdunc porrat plus franchement
Entrebatre, si heit le prent,
Sicume resun le cundurrat,
11668 De arz u de el dunt oi ad
En enfance u en juvente.
Mes sauver deit partut sa entente
Que rien ne aferme si ceo nun
11672 U veirs e dreit sunt od reisun:
Guard sei des ydeles aurer
E de mençunge cunfermer!'

Seint Pierre en cest dire finat
11676 Sa reisun, e puis se turnat
E guardat veirs Faustinien
Ki mult le aveit escuté bien.
Il parlat vers lui e enquist
11680 De sun curage, si lui dist:
'Vieil hume, si vus cunseilliez
Vostre aume tant par quei peussez,
Quant la aume deit del cors partir,
11684 A durable repos venir,
Ceo que vus plest nus demandez
Si rien i ad dunt vus dutez!
Kar certe chose ne est ceo mie
11688 Que joefnes huem eit lunge vie,
E de vieil hume est l'um bien cert
Que en ceste vie lunges ne iert.
Pur ceo se deivent purpenser

304v

11687 ceo *cancelled by underlining between* Kar *and* certe

11692   E joefne e vieil pur amender:
           De ceste vie tost tresveit
           Cumbien que seit que venir deit;
           Tost iert tresspassé cest respit,
11696   Ja tel ne seit, mult est petit.
           Que vieil, que joefne estoet partant
           Penser de estre bien repentant:
           A Deu se deit chescun turner
11700   Ki desir ad de sei sauver;
           Tute sa peine mettre deit
           Tant que sa vie bone seit.
           De sa aume deit prendre cure
11704   Que il lui face bele vesture;
           Sa vesture tele estre deit
           Que science de verté eit.
           Vestir la deit en netteé
11708   De justice e chasteé;
           Cumpassiun deit e pitié
           Aver ensemble od charité.
           Par tele vesture e autretele
11712   Iert aume nette e clere e bele:
           Curage ki reisun entent
           Bien deit aver tel vestement.
           Guarder se deit de cumpainnie
11716   Dunt sa vesture seit blesmie:
           A prudeshumes deit tenir   *305r*
           E malveis hume defuir.
           Tels cumpainnies deit amer
11720   E tels cuvenz suvent hanter
           U l'um paroele de justice
           E cument l'um deit fuir vice,
           U l'um treite de aver pitié
11724   E de guarder humilité;
           De vivre bien e chastement,
           De urer a Deu devotement;

11692 del *added above* pur *as alternative*   11709 e *written on erasure*   11721 le *expuncted*
between lum *and* paroele

De Deu preier ceo que est mestier
11728   E de lui partut gracier;
De bien purger la cunscience
Par faire digne penitence;
De maus passez en queor retraire
11732   E de almodnes en povres faire.
E que la elmodne tele seit
Dunt penitence succurs eit!
Kar l'um poet tost pardun aver
11736   Par almodne de queor duner:
Ki bien dune bien recevrat,
Kar Deu de lui merci avrat.
Tels cuvenz deit l'um bien hanter
11740   Par quei l'um poet aumes sauver,
U l'um ne treite de autre rien
Fors de chose qui turne a bien.
Si cil est hume de grant aage
11744   Ki vers Deu turne sun curage
E ses pechez veut tuz guerpir
Par penitence recuillir,
Deu gracier mult devrat cil
11748   Ki le ad fors geté de peril,
E partant plus devotement   *305v*
Que quant ad perdu le talent
E le delit qui de char vient,
11752   Lest la mençunge e al veirs tient.
Mult ad Deu feit a celui grace
Quant tant lui ad duné de espace
Que quant la charnel cuveitise
11756   Mateire ne en ad dunt seit esprise,
Entendre poet que est verité
Senz ceo que en seit puint molesté
De la charnel temptatiun
11760   Ki mult treit a perdiciun,
Kar ne l'estoet ennui aver

11733 elmodlne *with second* l *expuncted*   11749 plus *interlinear addition by corrector*
11758 *two letters erased and scored through between* puint *and* moleste

Ne travail pur sa char danter.
Pur ceo cuvient que il se recorde
11764   Des oevres de misericorde;
En tels oevres se estoet tenir
Pur penance bien parfurmir.
Ne quide il pas que penitence
11768   Seit sulement en abstinence
E en sei lunges travailler
Par granz juines e mult veiller!
Tut quanque en est iert bien enclos
11772   Si li queor est en ferm purpos;
Bone est dunc la cunversiun
Quant bone est la devociun:
Deu veit le queor e bien le entent
11776   E sulung ceo que il est le prent;
Plus guarde al queor que al tens ne feit,
Lui plest quant ferm purpos i veit.
Il veit e seit bien ki ceo sunt
11780   Ki ferm curage vers lui unt,
E mult lui vient bien a talent   *306r*
Quant hume a lui de queor se prent
E ne veit pas delai querant
11784   Par quei le tens trop past avant,
Mes chaudpas ad Deu recunu
Des la ure que il le ad entendu,
E de enariere prent hisdur
11788   Que tenu se est tant en errur,
Puis met en ceo tut sun desir
Que al regne Deu peusse venir.
Pur ceo ne devum pas targier,
11792   Mes penum nus de l'aproescer;
Ne mettum cest ariere dos,
Chescun de nus en bon purpos
El regne Deu noz queorz mettum
11796   Que a joie venir i peussum!
Qui povres est ne die pas:

11766 parfurmer

"Ne puis a Deu turner chaudpas,
Mes dunc a Deu cunvertirai
11800   Quant riches huem de aver serrai."
De issi dire ne est pas saveir,
Kar Deu ne quiert puint de autre aveir
Fors queor de misericorde
11804   E tele uveraine ki i acorde.
Tut ausi cil ki riches est
Pur sa richesce pas ne lest
E pur sun aver terrien
11808   De cunvertir e faire bien:
Ne deit targier, ne tant atendre
Que tut sun aveir peust despendre,
Ne que partir peust tut sun blé
11812   Que il ad en granges asemblé.
Ne die pas en sun curage:
"De mun aveir cument frai ge?
E de mes blez cument le frai,
11816   En quel lieu les estuerai?"
De sun aveir tant ne se fie,
E sa aume guard que ne la ublie!
Guard sei mult bien de dire lui:
11820   "Granz biens vus sunt mis en estui,
Mangez, bevez, seez en heit!"
Ki dit issi poi se purveit,
Kar "Fol musard!" lui serrat dit,
11824   "Avant de anuit ne avrez respit!
Vostre aume anuit vus iert toleite,
Que devendrat vostre cuilleite?"
Pur ceo chescun, ki que ceo seit —
11828   Hume u femme, quel aage que eit,
Seit riches huem, seit mendiant,
De quel mestier que il seit uvrant —
Haster se deit de cunvertir
11832   Que il peust ses pechiez espeinir

306v

11801 *two letters erased before* dire   11825 aumt *altered to* aume *with* e *also added above*
11832 espeiner

E en cele vie venir
Ki tuz tens dure senz finir.
A Deu plest mult, e en gré prent,
11836   Quant jeofnes huem a lui se rent
E pur Deu aver en purpos
Met sa juvente ariere dos,
E tant vers Deu sun queor encline
11840   Que tut se met suz discipl[in]e;
E li vieillard feit a preiser
Quant vieil usage veut leisser
E la custume de lung tens
11844   Lest pur Deu tenir en purpens,
E quant de Deu ad tel pour   *307r*
Que tut s'en ist de fol errur.
Pur ceo del targier rien n'i eit,
11848   Puint de delai mes quis ne en seit!
Quele acheisun deit demurer
Hume de chaudpas bien uvrer?
Avez pour que pur bienfeit
11852   Grant gueredun rendu ne seit?
De cumbien enpeiré serrez
Si de bien faire vus penez
Quant sule bone cunscience
11856   Suffist pur rendre en la sentence?
Dutez vus dunc de la reisun
Que quant vendrat al gueredun,
Rendu n'i seit pur poi le grant,
11860   E pur ceo que tost passe avant
Ne seit rendu luier reinnable
En cele vie pardurable?
Pur les mescreanz ai dit cest;
11864   Sicume le ai dit, tut issi est,
E autrement ne serrat mie
Fors ceo que en dit la prophecie.
Les philosop[h]es avant traire

11860 passae *with second* a *expuncted*   11864 issi tut *reordered by oblique lines*

11868	A quei atent, u lur libraire?
	Que est hume amendé de sa vie
	Pur tute lur philosophie?
	Parler de Deu cument oserent,
11872	Sicum il meimes mortels ierent,
	Par divinaille e nient par el,
	De sicume Deu ne est pas mortel?
	Cument oserent il parler
11876	De ceo que l'um ne poet veer?

307v

	Parler del mund par cunjecture
	Cument fud feit e a quele ure,
	A eus dunt vint quant la ne esteit
11880	Neis un sul de eus quant il fud feit?
	Cument e dunt lur est venu
	De dire que iert e que ja fu
	Quant hume ne est ki rien en sace
11884	Si de prophetie ne eit grace?
	Ne deit l'um pas de cest parler
	Par divinaille e par quider
	Pur ateindre la verité,
11888	Aver le estoet autorité
	De prophetie a ki se encline
	Quanque ci mustrum de doctrine.
	En quanque nus avant mettum
11892	De nus meimes rien ne dium;
	Nus ne vus dium rien par asme
	Ki puis nus peust turner a blasme,
	Kar ne est si genz deceivre nun
11896	Rien parler senz guarantisun.
	Nus ne mustrum fors chose uverte,
	Chose entendable, chose aperte
	Dunt nus avum autorité
11900	Del prophete de verité.
	Ki veut oir de la vertu
	Cel prophete e ki il fu,

11868 v *interlinear addition*   11900 del verite *with* l *expuncted*   11901 tu *of* vertu *written on erasure with* vertu *repeated to right of text*

E de la sue prophetie,
11904 Od nus truverat ki lui en die:
A nus se en vienge senz targier
E seit ententif de escuter!
Kar nus lui frum aseurance
11908 De faire tele demustrance
De la vertu de prophetie   *308r*
Que quele ure la avrat oie,
Avis lui iert que a l'uil veer
11912 La porrat e neis manier.
E quant prendrat certé en sei
Tant que se mette en dreite fei,
Desdunc legier lui semblerat
11916 Quanque des einz oi avrat;
De queor se prenderat a justise
E a pitié quant bien esprise
Iert en sun queor la Deu amur,
11920 E mult en senterat grant duçur.
Puint de travail n'i avrat mes
Ki gueres grieft u turnt a fes,
Mes tant cume plus del bien orrat,
11924 Tant plus oir en desirrat.'

Seint Pierre entur cest bien parlat,
E asez de el que cest semblat.
Asquanz de ces qui dunc la furent
11928 E maladies sur sei eurent
La turnerent a guarisun
Par saint Pierre ki sa ureisun
Pur eus i fist, neis les desvez
11932 D'iloec partirent bien sanez.
Puis fist seint Pierre tuz partir
E dist lur que la revenir
Deussent matin, kar en cel lieu
11936 Lur dirre[i]t plus de Damnedeu.
A sa sumunse se en alerent

11936 dirrat *with* a *expuncted and* e *added above*

E od grant joie Deu loerent;
Chesun alat a sun ostel,
11940   E seint Pierre fist autretel.

A l'ostel fud venuz seint Pierre,   *308v*
E les treis freres od lur pere.
Ja fud beien ure de mangier,
11944   Tuz se apresterent a l'aler
Quant uns huem vint e laenz entrat
Ki tels nuveles lur portat:
Simun Magus, ceo lur diseit,
11948   En la vile venuz esteit.
Od sei aveit dous cumpainnuns,
De l'un e le autre i dist les nuns:
Le un dist que out nun Anubiun
11952   E le autre i numat Appiun;
De Antioche la venu furent
E od Symun lur ostel eurent.
Faustinien, quant cest oi,
11956   De la nuvele se esjoi,
Kar des einz out cuneu ces dous
E pur ceo vout parler od eus.
De seint Pierre le cungié quist
11960   Que saluer les peust, e dist:
'Amis me sunt Anubiun
E Appiun, sun cumpainnun;
Aler vuil pur eus saluer
11964   Si vostre graant en puis aver.
E, si devient, Anubiun
E jeo purrum tost estre a un
Tant que il od mei ça se en vendrat
11968   E od Clement desputerat,
Numee[me]nt de destinee,
Cele science ad il usee.'

11943 vre *between* fud *and* beien *expuncted and erased*   11948 cite *added above* vile *as alternative*

Dist seint Pierre: 'Mult vus en pris
11972 Que bien pensez de voz amis,
E bien le graant que les veez, *309r*
Mes nepurquant vus purpensez
Cument vus chiet en tute rien,
11976 Tut vostre afaire turne a bien!
Mult le vus ad Deu bien purveu
E quanque vus est avenu:
Grant grace vus ad Deu duné
11980 Quant femme e enfanz avez truvé;
Sur ceo voz amis feit venir,
Partant les devez plus cherir.'
  'Veirs est,' ceo dist Faustinien,
11984 'Quanque vus dites, vei jeo bien.'
Atant se en parti d'iloec sul
Que cumpainnun ne enmenat nul.
Il quist le ostel Anubiun
11988 Ki herbergié fud od Symun;
Quant le out truvé, la demurat,
De la nuit mes ne en repeirat.
Ses fiz remistrent od seint Pierre
11992 Ki se entremistrent mult de enquerre;
Ne cesserent tute la nuit,
Le veiller tindrent a deduit
Pur la doçur de la doctrine
11996 U lur entente fud encline.
En aprendre la nuit passerent
E a seint Pierre demanderent
Asez de ceo dunt cert ne esteient,
12000 E ses respuns bien reteneient.
Passat la nuit, vint le ajurnant,
Seint Pierre reguardat atant
Vers les treis freres e parlat:
12004 'Merveille,' ceo dist, 'semblé me ad
Que ceo deveit que vostre pere *309v*
Ne vint a nus erseir ariere.'

11982 tant *of* Partant *interlinear addition by corrector*

       Faustinien survint atant
12008   E truvat la seint Pierre avant,
       E ses treis fiz od lui seer
       E entre sei de lui parler.
       A l'entree que il sur eus fist
12012   Saluz a tuz en ordre i dist,
       E mustrat quele essuine il out
       Purquei le seir venir ne pout.
       Les fiz guarderent vers lur pere,
12016   Mes mult lui firent laide chiere:
       Pour eurent a desmesure
       Tant cum plus lui guarderent sure.
       Ne lui firent semblant de fiz,
12020   Tant furent maz e esbaiz,
       Kar a tuz treis esteit avis
       Que lur pere semblat de vis
       Symun ki Magus surnun out,
12024   E de sa façun tut parut!
       Tant nepurquant remis esteit
       Que sa vuiz en sei propre aveit.
       Ki sun visage reguardast
12028   Symun Magus partut semblast,
       Mes ki des einz acuinté le eust
       Par la paroele le cuneust.
       Mes nepurquant pur cele chiere
12032   Nel tindrent pas les fiz pur pere:
       Tuz treis le tindrent pur Symun,
       Kar tel le mustrat la façun.
       Seint Pierre sul ne en iert deceu,
12036   Bien vit que cil lur pere fu.
         Fa[u]stinien fud esbai   *310r*
       Quant de ses fiz vit e oi
       Que tant se tindrent vers lui dur
12040   E ne mustrerent puint de amur,
       Mes se en alerent defuiant
       E sun visage maldisant.

12032 les *interlinear addition*

Seint Pierre sul, qui ne vit el
12044   En lui fors sun veut naturel,
A reisun mist tuz treis les freres:
'Purquei,' ceo dist, 'feites tels chieres?
Que deit que ariere vus traez
12048   E vostre pere maldisez?'
La mere fud laenz od ses fiz;
Tel il, tel ele, kar esbaiz
Mult furent tuz, e respundirent
12052   Sulung la façun que il la virent:
    'Cist semble Symun en la chiere,
Mes en la vuiz pert nostre pere!'
    Dist seint Pierre: 'Vus oez bien
12056   Que de sa vuiz ne est changié rien:
Male art ne pout sa vuiz changier,
Kar ui est tele cume fud ier.
Vus ne entendez en lui rien el,
12060   Mes jeo vei sun veut naturel:
Bien vei que ceo est Faustinien
E que il ad sun veut ancien,
Mes vus e autres kil veez
12064   Symun par lui veer quidez.
Par males arz ad feit Symun
Tant que en lui mis ad sa façun:
A vus e autres Symun pert,
12068   Mes jeo vei sun dreit veut apert.'
    Vers le vieillard puis reguardat   *310v*
Ki de cest guarde ne dunat:
    'Mult sunt,' ceo dist, 'pur vus marriz
12072   Que vostre femme, que voz fiz,
Kar le veut que aver soliez
Ne pert en vus, mes autre avez:
Symun, le fel e le guischus,
12076   Ad sun visage mis en vus!'

    A ces paroles laenz entrat
Un messagier ki lur portat
De Antioche, dunt il veneit,

12080   Ceo que la chargié lui esteit.
        Seint Pierre de ses cumpainnuns —
        De ki cist message fud uns —
        A Antioche out enveé,
12084   E cist en fud ja repeiré;
        A seint Pierre reenveé le eurent
        Les cumpainnuns ki remis furent.
        Li messagier dist sun message
12088   A seint Pierre, e quel ultrage
        A Antioche Symun fist
        E cument il de lui mesdist:
            'Mun seignur Pierres,' ceo diseit,
12092   'Symun a trop grant mal vus veit!
        Mult vuil jeo bien que le sacez
        Que il vus ad ja quis mal asez:
        A Antioche ad demuré,
12096   Merveille asez i ad mustré;
        Veant le poeple ad dit e feit
        Tant que lur queors ad vers sei treit.
        Entendre ad feit iloec a genz
12100   Que vus savez de enchantemenz;
        Ne vus nume el fors enchantur,   *311r*
        Tenir vus feit pur malfeitur;
        Mult se peine, mult se entremet
12104   De vus medler de quanque il poet.
        Tant vus ad feit hair de tuz
        Que si vus feussez la venuz,
        Tut a lur dens vus desirreient,
12108   Ja vif partir ne vus lerreient!
        Nus ki par vus la venu fumes,
        Quant ceo veimes e aperceumes
        Que mestier ne out vostre venue
12112   En la cité, tant iert esmue,
        Priveement nus asemblames
        E entre nus mult en parlames.
        Cunseil preimes que feist a faire,

―――――――――――
12110 aparceimes

12116	Mes rien ne veimes fors cuntraire.
	Ja fumes par nus a tant mis
	Que de cunseil fumes esquis
	Quant nus survint, bien en seisun,
12120	Cornelius Centuriun —
	De Cesaire esteit venu —
	Ki a sun dit enveé fu
	De part le prefect de Cesaire
12124	Pur ses busuinnes illoec a faire.
	A nostre cunseil le apelames
	E noz anguisses lui musstrames;
	Requeimes le que il nus aidast
12128	E lealment nus cunseillast.
	Il nus respundi bien asez:
	"Si mun cunseil," ceo dist, "creez
	E faites ceo que vus dirrai,
12132	Bien cunseillier vus quiderai:
	Jeo chacerai d'ici Symun
	Ki tant est guischus e felun."
	Nus lui premeimes de tut faire
12136	E de sun cunseil partut creire.
	Dunc dist il: "Cesar, li emperierre,
	Ad cumandé partut de enquerre,
	Que envirun Rume e que aillurs,
12140	Ces ki l'um tient a malfeiturs,
	E que senz raançun seient pris
	Ki de male art sunt entremis,
	Dunt il i ad ja pris asez,
12144	E plusurs sunt a mort livrez.
	Jeo frai entendre ici a tuz
	Que ça ne sui pur el venuz
	Fors pur cest Symun atachier
12148	E ces que od lui porrai truver —
	Venuz sumes jeo e les miens
	Pur lui ci mettre en bons liens —

311v

12119 bien *interlinear addition by corrector*   12134 h *of* guischus *interlinear addition*
12138 cumande de par tut de   12149 me *partially erased and expuncted between* les *and*
miens

E que tut lié le enmerrai
12152 Od mei la u jugier le frai.
A mes amis frai cest entendre
Que ça ne vinc fors pur lui prendre,
E vus ceo meime desemez
12156 A tuz ces ki vus parlerez!
Facent les voz priveement
Entendre as suens que ci ne atend
Pur autre rien si pur ceo nun
12160 Que ci vuldrai prendre Symun,
Kar bien sui cert que quant le orrat,
Chaudpas en fuie se mettrat;
U si vus el mieuz en sentez,
12164 Vostre cunseil ci nus dirrez."
Que vus irreie plus cuntant? *312r*
A un en fumes tut errant
De faire ceo que dit nus out,
12168 Kar sun cunseil asez nus plout.
Asquanz des noz se acumpainnerent
A ces ki de part Symun ierent;
Vers eus se feinstrent e diseient
12172 Quels nuveles oi aveient.
Quant la nuvele iert espandue
Tant que a Symun esteit venue,
Mult prist a gré que en fud guarni
12176 E senz delai d'iloec fui;
Parti s'en est en tel maniere
E ore est ci, ceo oimes dire.
Nus ki la fumes, quant ceo veimes,
12180 Tuz en cumune cunseil preimes
De vus acuinter e guarnir
Que trop n'i hastez de venir:
Pres de Antioche ne venez
12184 Tresque autre rien d'iloec oez,
Si partant que cil se est fui
Fust la mis aukes en ubli
E que le queor al poeple change
12188 Ki tant ad pris vers vus haange.'

Quant sun message dit aveit
Cil ki de Antioche veneit,
Seint Pierre se iert purpensé bien
12192   E guardat vers Faustinien:
'[F]austinien,' ceo dist, 'oez,
Par Symun estes desguisez!
Mettre vus vuldreit en damage,
12196   Pur ceo vus ad mis sun visage,
Kar il quidat que li emperierre   *312v*
A Antioche le feist querre
Pur faire de lui jugement
12200   Pur ceo que il use enchantement,
E de pour d'iloec fui
Quant tels nuveles i oi.
Il ad tresturné vostre vis
12204   E sun visage ad en vus mis,
Kar il vuldreit que pris feussez
E en sun lieu a mort livrez:
Issi vus vuldreit a mort traire
12208   E a voz fiz faire cuntraire.'

Quant li vieillard sout que il fud tel,
Mult en plurat e fist grant doel;
Trop se tint cumfus e huni,
12212   E tut en plurant respundi:
'[M]un seignur Pierres, dit le avez,
Veirs est que issi sui desjuglez!
Trop sui deceu vileinement,
12216   De ceo meime priveement
Guarnir me vout Anubiun
Que me guardasse de Symun.
Guarnir me vout de sun agueit,
12220   Kar des pose ad cuneu me aveit,
Mes jeo, cheitif, en ceo nel crui,
Kar a Symun unkes ne nui;
Ne pensai rien de sun agueit,

12215 ei *of* vileinement *written on erasure*   12220-21 *see note*

12224 Kar ne lui fui de rien mesfeit.
Las mei, cheitif e maleuré,
A quel dulur me sui livré!
Asez pose ad que le oi dire *313r*
12228 Ke Symun iert trop fort trechierre,
Mes nel vuleie de lui creire
Que il fust hume tant de mal eire.
Las mei, cheitif, que est avenu?
12232 Cument sui jeo issi cunfundu
Que puisque ai truvé mes enfanz
E ma femme aprés tanz anz,
Aver ne poi tant de leissur
12236 Que joie en eusse od eus un jur,
Mes en errur u des einz fui
U en peiur plungié me sui?'
    Mult anguissus fud li vieillard,
12240 Turner se vout, si il seust quel part.
Mes tut en fust il mult cumfus,
Cumfuse en iert sa femme plus:
Ele detreist sa chevelure
12244 E ne out en sei puint de mesure;
Turnee fud tute al plurer,
Ne sout sa dulur atemprer.
Tut ausi furent lur treis fiz
12248 Pur lur pere forment marriz
Quant il aveient en lui veu
Tut autre veut que il einz ne out eu
E ne saveient la maniere
12252 Cument il vint a cele chiere.

    Atant survint Anubiun
Ki dist que fui [fud] Symun:
D'iloec nuitante fud parti
12256 E vers Judee se en iert fui.
Anubiun vit lur semblant,
Cument se alerent demenant;

12257 *letter erased after* vi *with* vit *added to right of text*

Pitié le enprist, kar trop grant fu 313v
12260 Le doel que il out entre eus la veu.
    Seint Pierre guardat vers les freres
Ki mult feseient fiebles chierres;
Il lur dist: 'Cest doel tut leissez,
12264 Seur vus faz: a mei creez
Que cist senz faille est vostre pere!
Ne vus traez pur lui ariere,
Mes mult vus lou de vers lui traire
12268 E ceo que bons fiz deivent, faire.
Deu vus durrat tele acheisun
Dunt cist perdrat le veut Simun:
Il vendrat en sun dreit semblant
12272 E tut iert tels cume fud devant.'
    Vers le vieillard puis se turnat
E de trespas le chalenjat:
'Mun cungié,' ceo dist, 'aviez
12276 Que voz amis saluissez,
Anubiun e Appiun,
Mes nient de parler od Symun!'
    'Veirs est,' ceo dist Faustinien.
12280 'Mespris en ai, jeol cunuis bien.'
    Lores parlat Anubiun
Pur le veillard que il eust pardun:
'Pierres,' ceo dist, 'jeo vus requier
12284 Pur cest hume de releissier
Tut quanque il ad mespris en cest,
Kar jeol cunuis, gentilz huem est.
Mes li bons huem iert poi purveu,
12288 Par quei dolent il fud deceu:
Symun ad feit jugleis de lui,
Oez cument, kar jeo i fui;
Tut le afaire vus vuil cunter. 314r
12292 Quant cist nus vint pur saluer,
Issi avint dunc que Appiun
E jeo estumes od Symun.
La nus cunut que fuir vout
12296 La nuit aprés, kar pour out

Des nuveles que il out oi
E pur ki se est de ici fui.
Il nus diseit que dit lui fu
12300 Que genz deurent estre venu
A Laodice pur lui prendre,
Pur ceo n'i osat mes atendre.
Venu furent par le emperur,
12304 E pur ceo vout faire un trestur
E mettre en cestui sa figure
Ki laenz fud entré meimes la ure;
Par ceo sur lui turner vuleit
12308 Tut quanque il meimes out mesfeit.
Il nus dit tut priveement:
"Tant vus requier jeo sulement
Que cestui facez demurer
12312 E que il seit od nus al supper,
Kar jeo frai un tel uinnement
Dunt, aprés mangier, erraument
Tut sun visage enuinderat
12316 E partant me resemblerat
Ke tuz ces qui puis le verrunt
Que jeol seie pur veir crerrunt.
Mes tut avant uindre vus frai
12320 Del jus de une herbe que jeo sai,
Ke si des einz uint en seez,
Estre deceu puis ne en porrez
Que sun visage ne vus pere,   *314v*
12324 Rien ne vus faudrat de sa chiere.
De lui quiderunt tuz fors sul vus
Que ceo seit Symun par cel jus."
Jeo respundi a ceo que il dist:
12328 "De ceo faire quel pru vus ist?
Quel iert le guain que vus avrez
En ceo faire que vus querez?"
"Purveu," ceo dist, "me sui de cest
12332 Pur guain aver e tel cunquest

12307 ar *of* Par *written on erasure by corrector*   12328 seo *with* ceo *added in left margin*

Que quant cil vendrunt ki me unt quis
E lui verrunt enmi le vis,
Lui prengent, puis leissent atant
12336   Que mei ne voisent mes querant.
E si il fust a mort jugié,
Partant serreie bien vengié
De ses dous fiz ki guerpi me unt
12340   E a Pierres turné se sunt.
Pris cuntre mei se sunt de but
E vunt aidant Pierres partut,
Pur ceo me serreit grant cumfort
12344   Si lur pere fust vilment mort,
Ke senz faille grant doel en freient
Si lur pere vilment perdeient.”
La verité vus ai cuneu
12348   Sicum le afaire est avenu,
Mes pour oi de parler en
Pur acuinter Faustinien.
Ne me suffri Symun partir
12352   Tant que cestui peusse guarnir;
Neis espace ne poi aver
Tant que od cestui peusse parler
Priveement que il se gueitast   *315r*
12356   De Simun que il ne l’enginnast.
Symun la nuit aprés fui,
E Appiun alat od lui,
Od tut un autre cumpainnun
12360   Ki Anthenodorus ad nun.
Ces dous od Symun alé sunt,
Vers Judee cunveé le unt,
Mes jeo me feins e semblant fis
12364   Que maladie me out supris,
E par ceo dire me entremis
De remeindre, si sui remis
Pur bien haster de ci venir
12368   Que cestui peussez destolir

12341 de *interlinear addition*

Tant que del pais parti seient
Cil ki Symun prendre deveient,
Que pur Symun ne seit cist pris
12372 Pur ceo que il le semble de vis
E mené seit a l'emperur
Pur suffrir mort a desonur.
De cest afaire pensif fui
12376 E de ci venir hasté sui
Pur Faustinien ci truver,
Mes chaudpas me estoet repeirer
Einz que viengent li cumpainnun
12380 Ki vunt pur cunveer Symun.'

Anubiun tut cest cuntat,
Vers les treis freres puis parlat:
'Sacez,' ceo dist, 'en verité,
12384 Senz engin e desleauté,
Que vostre pere en sa semblance
Cunuis e vei senz decevance!
Kar bien le sai e bien le vei
12388 Que il ne ad fors sun dreit veut en sei.
De sun dreit veut ne lui faut puint,
Ne en sui deceu, kar jeo fui uint
Del jus de une herbe par Symun
12392 Einz que lui chanjast sa façun,
Par quei ne puis estre deceu,
Mes tel le vei cum le ai cuneu:
Faustinien, pose ad, cunui,
12396 Uncore vei cel veut en lui.
Mes a merveille le ai tenu
Que vus poez estre deceu
Par la art Symun de vostre pere,
12400 Mes bien pert que il est enchantiere
Quant pur ses arz ne cunuissez
Vostre pere, tut le veez.'

315v

12388 ut *of* ueut *written on erasure with* ueut *repeated in right margin*   12390 jeo sui vint

Grant e grevus fud le pluriz

12404   Que pere e mere e lur treis fiz
Pur la aventure i demenerent,
Ki tant se pleinstrent, tant plurerent
Que Anubiun pitié en out

12408   E de plurer tenir ne pout.
[A] seint Pierre grant pitié prist
Del doel que il vit, si lur premist
Que al pere sun dreit veut rendreit

12412   E le veut Symun ostereit:
'Faustinien,' ceo dist seint Pierre,
'Jeo vus frai tut venir ariere
Vostre dreit veut que avez perdu

12416   Par Symun ki vus ad deceu,
Mes nepurquant nus entendum
Que tut avant pru en avrum!
Jeol vus rendrai par cuvenant   *316r*

12420   Que facez ceo que jeo cumand.'
Faustinien premist a faire
Tut quanque plerreit a seint Pierre
Par cuvenant que sun dreit veut

12424   Aver lui feist, partant freit tut.
A la premisse tint seint Pierre
E cumençat partant a dire:
'De voz oreilles bien oistes,

12428   Si vus de rien i entendistes,
Que cil dist ki enveé fu
A Antioche e est venu
De part ces ki la remis sunt

12432   Pur dire que il la truvé unt
Cument Symun Magus i fu
E tut le poeple i ad cummeu.
La cité est tute enflambee,

12436   E cuntre mei la ad encitee;
Il dit qui jeo sui enchantur
E homicide e decevur.

12409 Sseint   12419 renderai *with second* e *expuncted*   12429 Q *of* Que *reformed from* S

Il me ad tant feit de tuz hair
12440 Que si il me peussent la tenir,
Acuragié granment serreient
Si poesté de mei aveient
De mei en piesces desirer
12444 E de grant ire devurer.
Mes feites ceo que jeo vus di:
Clement remeinne od mei ici;
Vers Antioche avant alez
12448 E vostre femme od vus menez!
Si se en irrunt ensemble od vus
Voz fiz Faustus e Faustinus,
E tels autres od vus irrunt   *316v*
12452 Ki bien vus i cunduirunt,
Ke od vus frai venir tel gent
Ki bien frunt mun cumandement.
Quant a Antioche vendrez,
12456 Partant que Symun resemblez
La precherez, le poeple oiant,
Que vus estes mult repentant.
Oiant la gent dirrez issi:
12460 "Jeo, Simun, sui revenu ci
Pur dire vus que jeo ai mespris
En ceo que cuntre Pierres dis:
Oiant vus tuz cunuissant sui
12464 Que faus est quanque dis de lui!
Bien sacez que il ne est pas trechiere,
Ne homecide, ne enchantiere,
Ne rien de quanque dit vus ai,
12468 Mes de ire vint quanque en parlai;
Le mal que en dis de malqueor vint,
De deverie ki me tint.
Grant peine ai mis de lui medler
12472 E que nel deussez escuter,
Mes de ceo mes ne me escutez
Dunt maltalent vers lui eiez!

12452 c *erased before* i   12473 c *of unclear purpose added in left margin*

Puint de desdeing ne eiez vers lui,
12476   Kar veir en leauté vus en di
Que tut le mund poet aver pru
Del bien purquei il est venu.
Il est disciple e message
12480   A prophete ki tant est sage,
En ki ne ad puint de fauseté,
Ke il est tut en leauté.
Pur ceo vus vienc amonester   *317r*
12484   En dreite fei e vus preer
Que en ceo que il dirrat, le escutez
E sun cunseil partut creez,
Kar si nel feites, en balance
12488   Serrez de encuntrer tel mescaance
Dunt la cité serrat perdue
Si sa paroele ne est receue.
Jeo vus di cest par acheisun
12492   De ceo que par avisiun
Vint le angele Deu anuit a mei,
Par ki sui ore en dreite fei.
Mult me reprist e chalenjat
12496   E par bien batre chastiat,
Pur ceo que tinc cuntre celui
Ki pruedhuem est e Deu ami.
Pur ceo requier, si jeo mes vi[e]nc
12500   E cuntre Pierres de rien tienc,
Fuiez de mei, ne me oiez mie
En chose dunt le cuntredie!
Kar bien cunuis que enchantur fui
12504   E trechiere, mes changié sui
E repentant de grant maniere.
De mal se deit l'um traire ariere;
L'um poet granz mesfeiz espeinir
12508   Par dignement sei repentir.”'

12483 e *of* vienc *interlinear addition*   12493 *letter erased before* anuit   12507 espeiner
with i *added above third* e

Faustinien ja mult bien sout
Quanque seint Pierre de cest vout:
'Bien sei,' ceo dist, 'que vus vulez,
12512 Avant de cest ne travaillez!
Jeo sai mult bien que faire en dei
Quant lieu e tens a cel oes vei.'
Dist seint Pierre: 'Quant vus vendrez   *317v*
12516 En la cité u vus alez
E le poeple verrez venir
Apareillié de cunvertir
Par ceo que parler vus orrunt,
12520 E que desir de mei avrunt
Tant que il leissent lur maltalent
Dunt tant me heent mortelment,
Caudpas me mandez, si vendrai,
12524 Mes ultre ceo ne demurrai.
Tant tost cum jeo iere a vus venu,
Vostre dreit veut vus iert rendu;
Cunuistre de tuz bien vus frai
12528 E le veut Symun osterai.'
  Ne vout seint Pierre que il tarjast,
Mes cumandat que il s'en alast,
E sa femme e ses dous fiz
12532 Ki mult pur lui furent marriz,
E tels que jeo ne sai numer
Plusurs en fist od lui aler.
  Mathidia, ki fud sa espuse,
12536 De cest eire fud anguissuse;
De aler od lui refusat tut
Tant cum en lui parut cel veut:
'Od lui,' ceo dist, 'ne irrai jeo mie,
12540 Ja ne lui iere en cumpainnie,
Ke pur avuiltre me tendreie
Si od lui me meusse u champ u veie!
En cumpainnie ja ne me iert
12544 Tant cum le veut Simun lui pert,

12525 tast *with a* expuncted *and* o *added above*

E si l'um me veut force faire
Tant que od lui deive enprendre eire,
Sun cors al mien ne aprescerat,   *318r*
12548 Ne en lit od mei ne cucherat.
Mes ne cunuis uncore pas
Que jeo od lui voise neis plein pas.'
    Mult cuntredist, mult refusat,
12552 E dist que aler od lui ne osat
Tant cum il eust le veut Symun;
A ceo lui dist Anubiun:
    'Creez a Pierres e a mei,
12556 Ceo est vostre mari que ci vei;
Ceo est vostre espus Faustinien,
Oez sa voiz, kil mustre bien!
Avant de cest ne enquerrez plus,
12560 Ke jeo ne l'eim pas meins de vus;
De od lui aler ne dutez mie,
Kar jeo vus iere en cumpainnie!'
    A peine idunc se i asenti
12564 Tant que ele veusist aler od lui.
    En mie nuit apresté furent
E bien einz jur d'iloec se esmeurent
Cil ki seint Pierre cumandat,
12568 Anubiun od eus alat.

    A Laodice esteit seint Pierre
Ki od Clement remist ariere;
Matin i survint Appiun
12572 Ki se en fud alé od Simun.
Einz que seint Pierre se en eissist
Fors de l'ostel u il remist,
Appiun se arestut a l'us,
12576 E od lui Anthenodorus;
Faustinien i demanderunt
De ces ki eissierent e entrerent.
Ne vout seint Pierre que la entree   *318v*

12549 ne *added to right of text by revisor*   12569 Laodice *written on erasure by corrector*

12580   De sun ostel lur fust vee[e]:
        Il les cumandat faire entrer,
        E quant laenz vindrent, sis fist seer.
        Tant tost cum il furent asis,
12584   De Faustinien unt enquis
        Si l'um lur seust a dire rien:
        'U est,' ceo unt dit, 'Faustinien?'
           Dist seint Pierre: 'Nus ne savum;
12588   Un sul des suens ke od nus avum
        Nel pout veer ja tierz jur ad
        Puisque al vespre vers vus alat.
        Mes ier vint ça Simun, sil quist,
12592   Matin i vint, mes poi i prist:
        Ne vul[i]um a lui parler,
        Neis bon respuns n'i pout aver.
        Ne seumes pas que il dunc pensat,
12596   Mes mult nus dist e estrussat
        Que il meimes fud Faustinien,
        Mes nus nel creimes en ceo rien.
        Quant vit que a tant ne nus pout traire
12600   Que de sun dit le veusum creire,
        Mult en fud cunfus e dolent
        E plurat anguissusement;
        Il maneçat que il se en irreit
12604   E que sei meimes oscirreit.
        Quant tant out dit, mes n'i remist,
        Mes vers la mer sun chemin prist.'
           Appiun e ses cumpainnuns,
12608   Quant eurent oi cest respuns,
        Mult cumencerent tuz a breire
        E mult grant semblant de doel faire:
        'Allas!' ceo distrent. 'Que avez feit?   *319r*
12612   Allas, de dolent, que deveit
        Que celui ne eussez retenu
        Tel cum il iert, si l'eussez creu?'

12584 Faustinient *with second* t *expuncted*   12585 a *interlinear addition*   12588 ke
interlinear addition   12595 sauum *added above* seumes *as alternative*   12603 manescat
with s *expuncted*

Atant vout Anthenodorus
12616 Parler e dire a Clement plus,
Ke tut cunuistre lui vuleit
Que cil dunt la parole esteit
Fud sun pere Faustinien,
12620 Dunt Appiun se aparceut bien,
Mes sa parole i recopat
Par ceo que avant de lui parlat:
'Faustinien,' ceo dist, 'se est pris
12624 A Simun, si se est od lui mis;
Ceo nus ad dit uns huem de lui,
Kar mult li turne a g[ra]nt ennui
Que ses fiz lur lei changié unt
12628 E que Jueus devenu sunt.
Tant les en het e tant se en dout
Que neis des uilz veer les veut,
E partant ad requis Simun
12632 Que il peusse estre sun cumpainnun.
Cest nus fud dit, mes pur saveir
Lequel ceo fust, mençunge u veir,
Ça sumes venuz saveir mun
12636 Si il fust ça venuz u nun.
Mes bien semble, quant il ne est ici,
Que ceo seit veir que avum oi,
E que od Simun eit tant parlé
12640 Par quei se en est od lui alé.
Nus vul[i]um que cest seussez
E pur ce sumes ça turnez.'

Clement se esteit bien aparceu　　　　*319v*
12644 Purquei seint Pierre out respundu
A Appiun cuvertement,
E as autres ki ensement
Od Appiun la venu furent
12648 E Faustinien quis i eurent,
Kar suspeçun vuleit que il eussent

12630 uout *with* veut *added to right of text*

Par quei la mes ne se arestussent,
Mes de pour d'iloec fuissent
12652 E Faustinien aillurs queissent.
Ne vout Clement que se aparceussent
Tant que rien de lur cunseil seussent;
Vers Appiun le vout celer,
12656 Pur ceo cumençat a parler:
'Appiun,' ceo dist, 'beaus amis,
Le bien que nus avum apris
A nostre pere vulum dire,
12660 E puis serrat sur lui de eslire
Lequel que il veut leisser u prendre
Quant nus lui avrum feit entendre;
E si issi seit que lui ennuit
12664 Del bien oir, e nus defuit,
Ja pleit ne entendrum puis cele ure,
Ke puis de lui ne prendrum cure.'
Appiun a mult grant mal prist
12668 Ceo que Clement issi lui dist,
Ke que il, que autres ki od lui ierent
A trop dur hume le jugerent.
Sa cruelté tuz i maldistrent
12672 E puis cele ure n'i remistrent;
Aprés Simun pristrent chemin,
Ceo aprist seint Pierre le matin.

Faustinien sun chemin tint *320r*
12676 Tant que il a Antioche vint;
Od ses cumpainnuns i entrat
E pur Simun la se mustrat.
Trestut le poeple i vint curant
12680 Quant il le virent laenz entrant;
Povre ne riche n'i remist
Que tut en haste ne venist.
Envirun lui tuz se assemblerent
12684 E pur Simun tuz le aviserent;
Tuz quiderent que il la venist
Pur faire ceo que Simun fist.

Tels merveilles veer quiderent,
12688 Mes trestut el en lui truverent,
Ke il cunuit tut en oiance,
Pur ceo que il iert de tel semblance,
Que quanque out feit u dit Simun
12692 Ne fud si mençunge nun:
'Pose ad,' ceo dist, 'me ad Deu suffert
De estre malveis, e ceo me pert:
Jeo sui Simun le maleuré,
12696 Trop ai vesqui, trop ai duré!
Quanque vus avez en mei veu
E que a merveille avez tenu
Ne veir nen est, ne chose estable,
12700 Mes tut ai feit par art de Deable.
Par mençunge vus voil turner
De dreite fei a meserrer;
Livré me sui a male veue,
12704 Damné est ma aume e perdue.
Oiant vus tuz le cunuis ci,
De Pierres ai partut menti,
Kar homicide ne est il mie,   *320v*
12708 Ne unkes en trestute sa vie
Ne fud enchantur, ne trechiere,
Ne rien de ceo dunt vus soil dire.
Mult se cuntient honestement
12712 E mult se porte lealment;
Pur autre chose ne est venu
Fors pur genz mettre a lur salu.
Il ad en sei vertu mult grant,
12716 Pur ceo seez purveu avant
Que mes malqueor vers lui ne eiez,
Ke si de rien le traveillez,
Vus en porrat tel mal venir
12720 Dunt ceste cité poet perir:
Nel rebutez de rien ariere,

12696 uesquu *with final minim of* u *scored through*   12699 ne en   12714 traire *added*
above mettre *as alternative*   12715 Jl ao en

Mes recevez le od bele chiere!
Ne est pas pur nient que cest vus di,
12724 Ke le angele Deu me ad mult laidi:
Mult egrement me ad chalengié,
Mult me ad batu e chastié
De ceo que tant pené me sui
12728 De faire a Pierres tut ennui.
Ore vus pri jeo, bone gent,
Que vus trestuz cummunement,
Si mun curage mes se change
12732 Tant que vers Pierres prenge haange,
A force de ci me chaciez,
E entre vus ne me suffrez
Si vus oez que jeo mes die
12736 Rien ki lui turnt a vilainie!
Ke li Diable, que tut bien het,
Del bien desturber se entremet:
Mult lui grieve e mult lui peise   *321r*
12740 Quant il veit hume ki adeise
Chose que turne a sa salu,
Cil ne paie le Deable pru.
Li Deable me ad feit tant parler
12744 Cuntre Pierres pur desturber
Que vus ne viengez a la vie
Ki ne porrat estre finie.
Ceo que fis chiens de arein baer
12748 E ymages par sei muver
E que mun veut chanjai suvent
Trestut fis par enchantement.
Bien en deussez estre aparceu
12752 Quant vus n'i veistes puint de pru;
Ne en deussez aver tenu pleit
Quant van[i]té trestut esteit.
Par art de Deable vus deçui,
12756 A ki del tut livré me fui
Pur vus de Pierres tresturner
E que nel deussez escuter.
Vus poet surdre mult grant profit

12760	Que de sun feit, que de sun dit:
	Il feit miracles merveillus,
	Par lui sunt guari les leprus;
	Il guarist ces senz mal engin
12764	Ki sunt feruz de palazin;
	Les desvez feit dreit sens aver
	E ces ki morz sunt relever;
	Il les feit tut resurdre a vie
12768	E guarist tute maladie.
	Tels miracles feit il a veue
	En nun celui par ki il se avue
	E ki le enveie en sun message:
12772	Si vus le oez, mult frez que sage!'
	Cest dist e el Faustinien,
	Tut quanque il dist asist mult bien.

	Dolenz en fud e mult marri
12776	Li poeple quant cest entendi:
	Mult plurerent e pleintes firent
	De ceo que issi deceu se virent;
	Mult lur pesat de grant maniere
12780	Que mespris eurent cuntre seint Pierre
	En ceo que tant le eurent hai
	Par Simun ki mesdist de lui;
	Tuz lur curages tant changerent
12784	Que seint Pierre mult desirerent.
	Ja fud de lur queors tut osté
	Le maltalent ki out esté:
	Vers lui ne aveient si bien nun,
12788	Mes mal gré sourent a Simun.
	Plusurs i out tant curuciez
	Que tut furent acuragiez
	De celui prendre que il la virent,
12792	Pur poi trop vilment nel saisirent.
	En queor eurent de lui mal faire
	Pur ceo que il cunuit que cuntraire
	A seint Pierre tant aveit quis,
12796	Pur ceo pur poi ne l'eurent pris.

321v

Aparceu se iert Faustinien
Que ne lui quistrent puint de bien;
Tel semblant fist dunt out pour
12800   Que pris ne i fust e tenu dur.
Bien vit que il eurent grant desir
Que seint Pierre peust la venir,
E bien se aparceut que trestuz   *322r*
12804   Forment furent vers lui esmuz.
Pur ceo fist venir un message
Pur mettre chaudpas el veage
Vers Laodice, pur mander
12808   Que seint Pierre se en deust haster.
Tute lui mandat sa aventure,
E que il lui venist tost sucurre
Einz que li pople mal lui feist,
12812   Kar nuls n'i out ki bien lui queist.
Li messagier que il apela
Ensemble od lui fud venu la;
Un de ses cumpainnuns esteit,
12816   Pur ceo de lui ne se duteit.
Li messagier entendi bien
Quanque lui dist Faustinien;
Vers Laodice tut batant
12820   Prist le chemin demeintenant.
Meimes le jur, al vespre tart,
Receut sun dreit veut li vieillart;
Le semblant Simun perdi tut
12824   Issi que en lui mes ne parut:
Ceo fist la vertu Jesu Crist,
Kar engin de hume rien n'i fist.

     Ne sai u Symun fud a l'ure,
12828   Mes nepurquant ceste aventure,
La u il iert, vint tresque a lui,
Si lui turnat a grant ennui.
Mult se tint cunfus e huni
12832   Que de sun asme aveit failli
Quant ceo que feit out par cuntraire

A seint Pierre turnat a gloire.

Estreitement se purpensat   *322v*

12836   Cum hume ki grant anguisse ad;

Ne sai si cunseil de autre enquist

U si de sei meimes le prist,

Mes chaudpas se mist al repaire

12840   Vers Antioche a mult grant eire.

Einz que seint Pierre i venist,

Vint Simun la, se se entremist

De rendre al vieillard sun dreit veut

12844   Ki tut senz lui recuvré le out.

Sa peine i mist par malveise art,

Mes il i fud venu trop tart,

Ke einz que Simun fust venu,

12848   Fud al vieillard sun veut rendu:

Tut senz male art rendu esteit,

Kar Jesu Crist rendu le aveit.

Quant Niceta e Aquila,

12852   Ki od lur pere vindrent la,

Se aparceurent del veut lur pere

Que recuvré le aveit ariere,

E que al poeple tant dit aveit

12856   Que dire plus mestier ne esteit,

Ne suffrirent que il mes parlast

Ne que al poeple trop se mustrast,

Mes Dampnedeu loerent mult

12860   Ki lui out rendu sun dreit veut.

Simun parlat en priveté

A ces ki ourent einz esté

Ses bienvuillanz e ses privez,

12864   Mes il les truvat tut changiez.

De seint Pierre mult mesdiseit

E plus e pis que il einz ne out feit,

Mes hauz e bas tuz ki le oirent   *323r*

12868   Enmi le vis lui escopirent.

A mult grant hunte e grant vilté

Le geterent de la cité;
A une voiz lui distrent tuz:
12872   'Si vus estes ici mes veuz
Par si que vus par mal viengiez
E cuntre Pierres rien diez,
La mort i avrez a estrus,
12876   Autre raançun ne avrat de vus!'
      Simun atant d'iloec ala
Ki poi de onur out cunquis la.

    A Laodice esteit remis
12880   Seint Pierre ki se iert entremis
De preecher ententivement
E de turner vers Deu la gent.
      Il out a ceo mult mis sa peine;
12884   Plus out passé de une semeine
Puisque li vieillard fud parti,
E cumpainnuns plusurs od lui.
      Ja passerent noef jurz avant,
12888   Al disme jur i vint batant
Li messagier ki vint pur dire
Le estat al vieillard a seint Pierre.
      Li messagier cuntat trestut
12892   Del vieillard cument lui estut,
E tut cument il se cuntint
Quant il en Antioche vint.
      Al poeple, ceo dist, se mustrat
12896   E oianz tuz mult i parlat;
Cuntre Symun parlat de but
Partant que en lui parut sun veut.
      De Simun diseit mult granz maus   *323v*
12900   E lur cunut que tut fud faus
Le mal que dit out de seint Pierre,
E parla [de] tut autre maniere.
      De seint Pierre granz biens diseit,

12873 *second* i *of* viengiez *interlinear addition*   12887 *first letter of* noef *capitalized and brown washed*   12899 *letter erased before* maus *with* maus *repeated in right margin* 12902 parlad tut

12904 Mult cunut que bons huem esteit;
    Oiant trestuz le out tant preisié
    Que lur queors out assuagié.
    Tut fud osté lur maltalent,
12908 Venir i peust seurement,
    Kar il fud la mult desiré,
    Mes vers Simun furent irié
    Tant que al vieillard, pur le viaire
12912 Ki en lui parut, voudrent mal faire,
    Pur ceo que Simun sembleit,
    Dunt le vieillard mult se duteit.
    E pur ceo que il tant se dutat,
12916 Li messagier seint Pierre hastat:
    'Hastez,' ceo dist li messagier,
    'Vostre demoere ne ad mestier!
    De la venir ne targez rien
12920 Que vif truissez Faustinien!
    Mult est li poeple irié vers lui,
    Pur ceo batant ci venu sui
    Que de tant venir vus hastez
12924 Que en vie truver le peussez.
    Hastez tut ausi pur la gent
    Ki vus desire e tant atent:
    Hastez de faire lur desir,
12928 Hastez de chaudpas la venir!'

    Quant li message dit aveit
    Tut quanque chargié lui esteit,
    Seint Pierre, ki le out oi tut,   *324r*
12932 Joius en fud, kar mult lui plout.
    Le jur aprés fist asembler
    Tant cum il pout del poeple aver:
    Il fist eveske de un des suens
12936 E baptizat mulz des paens;
    Plusurs prestres i ordenat,
    Tres jurs aprés i demurat:

12935 de *interlinear addition by corrector*

Tuz les malades qui la furent,
12940 Einz que il partist, santé receurent;
Li desvez furent la guarri,
Seint Pierre a tuz santé rendi.
Ne vuleit mes tenir sujur
12944 A Laodice; aprés tierz jur
Sun cungié prist, si se en turnat;
Vers Antioche se en alat
Quant sulung lieu e tens out feit
12948 Tut quanque la faire deveit,
Kar quanque de Antioche furent
De sun venir grant desir eurent.

 Niceta e Aquila entretant
12952 Par la cité vindrent preechant
Que seint Pierre la se en veneit,
Dunt li poeple joius esteit.
Les hauz humes e les senez,
12956 Les plus nobles e les einznez,
Trestut le plus de la cité
Vindrent par grant humilité
E en cummune se asemblerent,
12960 Tuz sur lur chiefs cendre porterent;
Fors de Antioche se en eissirent
Pur la nuvele que il oirent
De seint Pierre ki vint laendreit
12964 E ja de l'entrer pres esteit.
Quant il la vint, e il le virent,
Vers lui cupables se rendirent;
Mult mustrerent que dolenz furent
12968 De ceo que malqueor vers lui ourent
Quant deceu furent par Symun
Ki ne lur out feit si mal nun.
Seint Pierre entrat en la cité,
12972 E mult lui plout la humilité
E le bel semblant que la gent

324v

12961 eisserent 12966 renderent

Lui firent tuz cumunement.
Atant lui furent presenté
12976   Les malades de la cité,
De palazin les uns feruz,
Asquanz des autres clops u muz,
Plusurs fevrus u forsenez,
12980   U de autres maus forment grevez;
Mult en i out des meseisiez
Quant tut i furent asemblez.

Quant seint Pierre aveit tut veu
12984   Cument se furent cuntenu,
Quel penance de ceo feseient
Que par Symun deceuz esteient,
E sur tut ceo de tel fei furent
12988   Que bien saveient e bien crurent
Que il de si grant vertu esteit
Par quei santé rendre poeit
A ces ki furent la menez
12992   Liez de granz enfermetez,
Sus vers le ciel ses meins levat
Tut en plurant e Deu loat.
Mult lui en creut devociun,   *325r*
12996   Par quei il fist tel ureisun:
'Deu, le Pere, seez beneit
De mei e de quanque avez feit!
Bien vus devum trestuz loer
13000   E vostre nun partut preecher,
Ke vus averez bien les diz
E les premesses vostre Fiz.
Par vus nus est bien acumpli
13004   Tut quanque avum apris de lui;
Bien nus mustrez que al ciel lasus
E en terre aval ne est Deu fors vus,
De ceo vulez que seit seure
13008   Quanque avez feit de creature.'

Seint Pierre urat en tel maniere,
E quant out feite sa preiere,
En haut muntat, si se arestut
13012 En lieu dunt l'um veer le pout.
Il cumandat des meseisez
Que devant lui feussent menez;
Tuz devant sei rengier les fist
13016 E puis a eus parlat e dist:
    'Tel cume vus me veez tuz
Me sui jeo ci a vus venuz.
De mei ne devez quider el
13020 Fors cum de un autre hume mortel:
Uns huem sui tels cum un de vus
Quant a cors de hume ne sui plus.
Ne devez pas de mei quider
13024 Que vus peusse santé duner,
Mes cil vus poet faire sucurs
Ki vint en terre pur pechurs.
Il descendi del ciel en terre   *325v*
13028 Pur faire a genz lur pru acreire,
E pur medecine tele aprendre
A ces ki voudrent bien entendre
Dunt maladie mes ne avrunt,
13032 Mes aume e cors sauvé serrunt.
Pur ceo seez bien purpensez,
Si recuvrer santé vulez,
De mustrer ci tut en oiance
13036 Que vus eiez ferme creance:
N'i eit delai, ne puint de essoine!
Aver de vus vuil testimoine
Trestut le poeple que ci vei
13040 Que vus creez de bone fei
E de bon queor en Jesu Crist
Ki pur pechurs reindre se mist.
Tant en facez que ceste gent
13044 Prengent par vus esperement

13033 r *of* purpensez *interlinear addition*

De sei meismes tant purpenser
Que se peussent vers Deu sauver!'
   A une voiz atant crierent
13048   Tut cil ki malades la ierent;
Chescun de eus dist, grant e petit:
'Cil est veirs Deus dunt Pierres dit!'
   Une lumiere i vint atant
13052   Ki mult fud clere e bele e grant:
La grace Deu i aparut,
Enmi le poeple se arestut.
   La clarté vint sudeement
13056   E la se tint bien lungement:
A meimes la ure redrescerent
Cil ki des einz pru ne se aiderent;
Sudeement devindrent dreiz   *326r*
13060   Trestuz les torz e les cuntreiz;
Les uilz receurent e la veue
Cil ki des einz la ourent perdue;
Chescun de ces i redresceit
13064   Ki palazin feru aveit.
As piez seint Pierre tuz cururent
Tant tost cum santé receurent;
Asquanz esteient la portez,
13068   De maladie tant grevez
Que a peine treistrent le espirit,
E cil esteit fieble e petit:
Cil ensement chaudpas guarirent
13072   E trestut seins en piez saillirent;
Ki desvé fud sun sens receut,
Deable de lui mes poesté ne out.
Parfitement guarirent tuz
13076   Ki malades furent venuz;
De lur santé mult se esleescerent
E Damnedeu mult en loerent.
Li Seinz Espirz mustrat tele grace

13048 la *interlinear addition by corrector*   13052 *second* e *of* bele *interlinear addition above erasure*   13053 ia *inserted on erasure between* deu *and* parut *by corrector*   13072 saillerent

13080   E tel vertu en cele place
           Que granz e pitiz qui la furent
           A une voiz Deu recunurent.

           Dedenz set jurz, pur briefment dire,
13084   Se cunvertirent par seint Pierre
           Dis mil humes ki en Deu creurent
           E ki baptesme tuz receurent.

           Uns nobles huem de la cité,
13088   Ki plus i out de poesté
           E ki Theophilus out nun,
           Out en la cité sa meisun
           Ki tant esteit large e lee   *326v*
13092   Que mult tendreit gent asemblee.
           Theophilus a Deu se prist
           E de sa meisun se desmist;
           Il la dunat pur estre eglise,
13096   Kar a cel oes fud bien asise,
           E sulung ceo que il la dunat
           Seint Pierre esglise en dediat.
           Li poeple i fist une chaere
13100   E sure i mist seer seint Pierre:
           Ceo lui fud feit en onurance;
           Uncore en feit l'um remenbrance
           En Seint' Eglise de l'onur
13104   Ki la lui fud feit a cel jur.
           La feste en est set jurz avant
           Del prim jur que marz vient entrant:
           L'um feit cel jur feste a seint Pierre
13108   Par acheisun de la chaere
           U il cel jur fud asis sure,
           La remenbrance uncore endure.

           Seint Pierre fud en cele eglise
13112   U la chaere lui fud mise;

13089 o *of* Theophilus *interlinear addition*   13091 e *erased before* large   13092 Que mult mult   13110 endure *added as alternative in right margin but erased, with interlinear* en *added before* dure *by corrector*

De Deu preechat, de Deu parla
A ces que a lui veneient la.
Li poeple i vint espessement
13116   E mult le escutat bouenement;
Espessement se cunvertirent
Pur les miracles que il la virent,
Kar li malade ki i veneient
13120   Tuz par seint Pierre i guariseient.

Clement, Niceta e Aquila
E lur mere Mathidia
Mistrent a reisun le veillard   *327r*
13124   Priveement a une part.
Les fiz vuleient par enquerre
Saver en quel sens fud lur pere,
Si en sun queor fust remis rien
13128   Kil traisist plus al mal que al bien.

Li vieillard out tost cunseil pris
Quant il en fud a reisun mis:
'Od mei,' ceo dist, 'chaudpas venez
13132   Devant seint Pierre, si verrez
Quel est le acreis de ma creance,
La vus en frai certe pruvance!'
Faustinien treist vers seint Pierre
13136   E a ses piez se mist a terre;
Tut estendu a lui parlat
E sun curage lui mustrat:
'Mult est,' ceo dist, 'a bien turnee
13140   La semence que avez semee!
Bien vient avant e bien est creu
Quanque ai oi parler de Deu;
Mult sunt en mei bien racinees
13144   Les paroeles que avez semees.
Li blé en est ja tant maur

13120 Tur   13137 *letter erased between* e *and* stendu *with* estendu *repeated to right of text*   13142 *letter erased after* parler

Que rien ne atent fors le seur.
Quanque ad en mei de paille ostez,
13148 El gerner Deu puis me metez;
De Deu me feites partenier
Que a sa table peusse mangier!'

Joius en fud de grant maniere
13152 Quant tant en out oi seint Pierre;
Il meimes le prist par la mein
Cum hume ki fud senz desdein.
Il le baillat a ses treis fiz,   *327v*
13156 Ki se en teneient mult guariz,
E al bailler que il lur en fist
Asez briefment al vieillard dist:

'Sicume Deu vus ad reguardé
13160 Tant que voz fiz avez truvé,
Ausi facent voz fiz de vus
Que a Deu seez rendu par eus!'
A ceo que il ces paroles dist,
13164 A tut le poeple un juine asist;
Il fist le poeple tut juner,
Si l'enprist meimes tut premier.
Pres fud de l'eissir la semeine,
13168 E quant le autre entrat al dimeine,
Baptizié fust Faustinien,
Seint Pierre le fist Cristien.
Mateire en prist puis de parler
13172 E cumençat a recunter
Oiant le poeple ki la fu
Tut cument lui fud avenu.
Tant en cuntat e tant en dist
13176 E sun cunte tant bien asist
Que tut le poeple se turnat
Vers le vieillard, si l'esguardat

13170 cristinien   13177 turnast *with* s *expuncted*   13178 esguardast *with second* s
expuncted

Cum angele Deu fud descendu
13180   Del ciel lasus e la venu.
Grant reverence lui porterent
Les citeeins, si l'onurerent
En un endreit tant cum seint Pierre,
13184   Mult lui firent tuz bele chiere.

Seint Pierre remist sujurnant
A Antioche tresque tant
Que feit i out tuz cunvertir   *328r*
13188   Quanque lui voudrent assentir.
Quant tant out feit cum la pout faire
E tanz atreit cum pout atraire,
D'iloec vers Rume se en alat,
13192   E quant la vint, la demurat.
Iloec alat preechant a tuz
E mult i mustrat granz vertuz;
Il cunverti a Jesu Crist
13196   Del poeple granment, el ne i quist;
Cil ki par lui se cunvertirent
De Rume apostoire le firent.
La demurat seint Pierre tant
13200   De Jesu Crist tuz tens preechant
Que cil Sire ki il servi out
Sun servise rendre lui vout.

A seint Pierre fist Deu saver
13204   Que tost se en deust del siecle aler;
Tant out alé que a Rume esteit
E par Deu sout que i la murreit.
Tant tresspacerunt jurz avant
13208   Que cil jur vint mult aproesmant
Dunt a estrus sout que a cel jur
Murir deut senz autre retur.
Un jur se asist en cumpainnie
13212   De ces ki il out en sa fraarie;

13184 *letter erased after* i *of* firent

A lui furent tuz entendanz
Ki lui furent entur seanz.
Quant il aveit de tuz escut,

13216   Lores levat e sus estut,
Puis prist Clement, sil fist lever
E juste sei le fist ester.
En veue de tuz ester le fist,   *328v*

13220   Puis en oiance de tuz dist:
    'Freres, vers mei ore entendez,
Ki Deu ensemble od mei servez!
Mi Sire e meistre Jesu Crist,

13224   Ki tresque ça venir me fist
E que ça, que aillurs me enveat
Pur faire ceo que il me charjat,
Acuinté me ad e feit saver

13228   Que ci ne dei mes demurer;
E pur ceo que le jur est pres,
E de vivre ne ai respit mes,
Cestui Clement eveske orden

13232   Cum hume ki jeo cunuis bien.
Ma chaere cumand a lui,
Ke pose ad que bien le cunui;
Jeo cumand a lui sul par nun

13236   Tute ma predicatiun.
Ma doctrine des ore en avant
E tut mun mestier lui cumand,
Ke entur mei tuz tens se tint

13240   Despuis que il primes a mei vint.
Tuz tens me ad tenu cumpainnie,
Senz surfeit e senz vilainnie;
Partant que il se est a mei tenu,

13244   Tut ad oi e tut ad veu
Quanque jeo dit ai e quanque ai feit,
E ma maniere tute seit.
Bien ad oi e retenu

13228 *letter erased after* n *with* ne *added in left margin*   13231 ordein *with* i *expuncted*
13242 e *of* vilainnie *written on erasure with* e *added in right margin*

13248	Quele est la force e la vertu
	De ma predicatiun tute
	E la reisun u ele se abute,
	Kar en sujur e en errant
13252	E en usdive e en uvrant
	Pres me ad esté tuz tens e prest,
	E de aprendre mult pené se est.
	Pose ad que bien le ai espruvé
13256	E sur tuz leal le ai truvé:
	Il eime Deu mult lealment
	E sun proesme tant cum apent;
	A bien faire se est duné tut,
13260	Kar il est chaste e sobre mult;
	Dreiture veit partut siwant,
	Benignes est e tant suffrant
	Que mal ne quiert ne vilainie
13264	A hume, neis kil cuntrarie.
	Quant tel le sai e tel le entend,
	Ma poesté tute lui rend:
	Poesté de asoudre e de lier
13268	Sicum il verrat le mestier,
	Tut ausi cum jeo la reçui
	De Jesu Crist, la bail a lui.
	E que al ciel seit estable tut
13272	Quanque il en terre esguarde e veut,
	Sulung la reisun que il verrat
	Lier e asoudre devrat
	Cum hume qui mult bien entent
13276	Tut quanque a Seint' Eglise apent.
	Quanque ad de riule en Seinte Eglise
	Bien le ad oi, bien le ad aprise,
	Pur ceo vus di que vus le oez
13280	E que entendant a lui seez;
	Kar bien sacez, ki trublerat
	Le doctur ki veirs precherat
	Mult pecherat de grant maniere

329r

329v

13250 *first* e *of* seabute *interlinear addition*   13275 entend *with* t *added to right of text*

13284   Vers Jesu Crist e Deu le Pere
       Ki tutes choses ad criees
       E ad sun pleisir ordenees:
       Ki se prendrat vers Deu issi
13288   De od lui vivre tut ad failli.
       Cil qui devrat sur autres estre
       E pur bien guier duitre e meistre,
       La maniere le estoet aver
13292   Que miries unt pur bien uvrer;
       Ne deit estre de tel maniere
       Cum est beste cruele e fiere.'

       Clement chai as piez seint Pierre,
13296   Esbai mult de grant maniere
       De ceo que il out de lui oi,
       E mult lui en criat merci.
       Mult se escusat e mult requist
13300   Que a cel onur un autre preist:
       De la chaere ne aveit cure,
       Un autre preist pur mettre sure;
       La poesté tute e tut le onur
13304   Baillast a hume de valur,
       A tel ki mieuz aider se en seust
       E de receivre digne fust!

       'Pur nient le feites,' dist seint Pierre,
13308   'A rien ne ateint de cest requerre;
       Pur nient vus irrez escusant,
       Ke feit me ad Deu de vus le greant
       Que mieuz e plus tost le seez
13312   Partant cum plus le refusez.
       La chaere demande aver
       Tel ki la sace guverner,
       Kar de celui qui tant aboite   *330r*
13316   Que il la desire e cuveite
       Rien ne demande la chaere,

13303 le *expuncted between* e *and* tut

Mes celui ki se en treit ariere,
E tel ki seit de nette vie
13320 E bien la guard e bien la guie,
E sace bien de Deu parler
E peusse a plusurs profiter.
Si jeo seusse hume de valur
13324 Autre que vus ki fust meillur,
E tant od mei demuré eust
Cum vus avez e ki tant seust,
E ki de oir eust peine mis
13328 Tant que plus eust e mieuz apris,
E ki tant seust de ma doctrine
E la reisun u ele se encline,
E tant seust de l'ordenement
13332 De Seinte Eglise cum jeo entend
Que vus savez ki tut oi
Avez cument e quei jeo di...
Si jeo peusse hume tel truver
13336 Autre que vus a cest mestier,
Esleu par mei ne i serriez
Quant tant ariere vus traez
E refusez la bone uverainne!
13340 Mes ne est pas bien que ele remainne,
Ne est pas mestier de aler querant
Aillurs autre hume plus vaillant
Quant nus vus avum ci tut prest
13344 Ki savez quanque mestier est.
A vus me tieng numeement
Tant plus acuragiement
Que Rumein estes, nez de Rume,   *330v*
13348 E vus serrez le premier hume
De ki jeo a Deu ma offrende frai
De tuz les Rumeins que atreit ai,
E de autre gent ki panisme
13352 Unt guerpi tut e pris baptesme:
Offert serrez tut premerein

13335 tel *interlinear addition by corrector*

Avant les autres par ma mein.
Mes de autre chose vus guardez,
13356   Que si de peril vus dutez
Tant que pechié sur vus traez
Si Seinte Eglise recevez
A sustener e guverner
13360   Ki senz guiur ne poet ester,
Bien vus en di tut a estrus,
Mult plus trarrez pechié sur vus
Si Seinte Eglise guerpissez
13364   Que el busuig ne lui succurrez,
E pur sul querre vostre pru
Ne pensez rien de autrui salu,
E la grace que Deu vus dune
13368   Mettre ne vulez en cumune.
Grant pechié est leisser estraire
Le poeple Deu senz sucurs faire
Ki est cum en peril de mer
13372   En grant dute de perillier.
Quant bien poez e bien savez
Aider le poeple e ne vulez,
Vus en remanez en peril
13376   Quant vus lur faillez de cunseil.
Mes seur seez que il busuinne
Que vus ne en facez mes essuinne;
Receivre vus estuverat   *331r*
13380   Od tut le peril que il i ad,
Kar ja tant cum jeo viverai,
De requerre ne finerai
E que tuz tens ne vus sumiune
13384   Pur la salu de la cumune.
Tant cum plus tost mun gré en frez,
Hors de anguisse me geterez,
E tant plus tost ere alegié
13388   De ceo dunt tant sui traveillié;

13369 leissier *with second* i *expuncted*   13388 trauaillie *with second* a *expuncted and* e *added above*

De dulur me avrez feit delivre
Tant que en joie porrai puis vivre.
Bien sai, Clement, que ennuis avrez
13392   E granz molestes sufferez;
N'i passerez que vus ne estoesce
Suffrir travail e grant reproesce
De genz ki poi enseinné sunt
13396   E vers le bien trop malqueor unt.
Mes par suffrir en pacience
Ki que mesdie e ki que tence,
E par mettre vostre entendance
13400   De aver en Deu bone esperance
Ki tuz bienfeiz rend e gueredune
E as suffranz asiet curune,
Bien sai que tut surmunterez
13404   E barnilment trespasserez:
Par patience veintrez tut,
Tant en sui cert que rien ne en dut.
Uncore esguardez ensement
13408   A la reisun que jeo entend.
Lequel ad Deu a faire plus
De vostre servise e de vus:
Ore quant Deable ad enprise   *331v*
13412   Bataille cuntre Seinte Eglise —
Ki est Espuse Jesu Crist
Ki par mort suffrir la cunquist,
Mes uncore est remise en terre
13416   Senz pais aver, tuz tens en guerre,
Entendante de aver aie
Cuntre Deable ki la desfie —
U en la fin de ceste vie
13420   Quant la bataille iert finie,
E li Deable serrat huniz
E deschaciez e descumfiz,
E li Fiz Deu od grant victoire

13408 *two or three illegible letters added in right margin by revisor for insertion after* ieo
13414 part *with* t *erased*

13424   Sa Espuse merrat en sa gloire?
         Despuis ne iert mestier de sucurre
         Que cil tens vendrat e cele ure!
         Quels huem est de tant povre sen
13428   Ki tut ne entende e veie bien
         Que ore est le tens, ore est le lieu
         Que vus demande le Fiz Deu?
         Ore est mestier que vus uvrez,
13432   A sun servise ore entendez;
         De celui kil sert rien ne ublie,
         Guardez ne lui faillez mie;
         En cest busuing ne lui faillez,
13436   De lui servir mult vus penez!
         Sucurs lui faites tel ki vaille
         Pur bien achever sa bataille:
         Il est bons reis, e tut rendrat
13440   Tant tost cum il cumquis avrat.
         Pur ceo recevez bonement
         Cest mestier, kar il vus atent;
         Mestier de eveske recevez   *332r*
13444   Tant mieuz que apris de mei avez
         De Seinte Eglise bien guarder
         E bien la savez ordener.
         Recevez la pur la salu
13448   Des genz ki sunt par nus venu
         A la fei Deu, e tant facez
         Que vus acheisun ne seez
         Par quei lur fei voist defaillante
13452   E cum en brandle seit crodlante.
         Mes nepurquant amonester
         Vus vuil briefment e acuinter;
         En oiance de la gent tute
13456   Ki guarde vers nus e escute
         Jeo vus dirrai le ordenement
         De Seinte Eglise asez briefment.
         Vus estoet tut premierement

13428 m*u*lt *added above* tut *as alternative*   13443 Receuez *with first letter brown washed*

13460 Estre de bel cu[n]tienement
       E mettre peine de issi vivre
       Que del siecle seez delivre.
       Mettez peine de vus oster
13464 De tute cure seculer:
       Ne seez plegge ne advocat
       Pur meintenir plai e barat;
       Ne entrez en tençun ne en bataille
13468 Pur guain del siecle, tant ne vaille.
       Deu ne vus ad pas aturné
       Que eveske seez ordené
       Pur causes oir e treiter
13472 E la parole Deu leisser;
       Ne veut pas Deu que entremettant
       Seez del siecle, tant ne quant,
       Par quei vus eiez desturbier   *332v*
13476 De faire bien vostre mestier.
       Ne seiez tant envolupez
       Del siecle par quei vus perdez
       Le sens que Deu vus ad presté,
13480 Cum de cunuistre en verité
       Lesquels sunt bons e quels sunt maus,
       Lesquels verrais e lesquels faus.
       Si chose avient dunt surde plai,
13484 De ceo deivent parler li lai;
       Mult se deivent li lai pener
       De dreit tenir e peis guarder.
       Esdrescer deivent entre sei
13488 Quanque entre eus feit iert cuntre lei;
       Il vus en deivent delivrer
       Ke vus ne en devez neis penser.
       Tut ausi cum ceo est pechié grant
13492 Si vus alez entrelessant
       De la parole Deu preecher

13467 en *expuncted between* Ne *and* entrez*;* tencum *with final minim erased*   13468 *very*
faint P *added in plummet in left margin (by revisor?);* ne *repeated to right of text*
13470 ordenne *with final* e *and part of final* n *erased and* e *added to right of text*
13489 *two letters erased before* deliurer

Sicum ceo apent a vostre mestier,
Grant pechié frunt ausi li lai,
13496   Quele ure que entre eus surdrat plai,
Si entre sei ne mettent peine
Que peis i eit, estrif remeine,
Senz ceo que en seez acuintez
13500   E que puint vus entremettez.
E si li lai par aventure
Ne entendent pas tant de dreiture
E tant ne sunt apris de lai
13504   Que achever sacent bien par sei,
Lores viengent li diacne avant,
Si se en voisent entremettant!
Il deivent les lais enseinner   *333r*
13508   E vus de cure delivrer
Que a Seint' Eglise senglement
Peussez entendre e a el nient.
E si vus estes suffisant
13512   De guverner par avenant
E de guarder si dignement
Seinte Eglise cum vus apent,
Lores estoet que entente grant
13516   Mettez de estre a sul Deu servant
Par la parole Deu parler
E sa verté partut preecher,
Tant mieuz de queor e plus avant
13520   Que aillurs ne estes puint entendant.
Ke si vus estes tresturnez
Tant que al siecle seez livrez
Par plus entendre a plai forein
13524   Que al pru cumun e suverein,
Vus tut en chief deceu serrez,
Ne vus ne autre puis pru n'i avrez:
Deceu en serrunt que il, que vus,
13528   Tant vus estoet que en pensez plus.
Vus ne porrez parfitement

13510 a *interlinear addition*

Tut faire quanque vus apent;
Lores vus surdrat grant cuntraire
13532   Quant ne porrez a tuz tut faire.
Damage en avrez tut en chief,
Ke vus encharrez en tel grief
Pur le trespas que feit avrez
13536   Que senz peine ne eschaperez,
E voz disciples ensement
Pur faute de vostre enseinnement
Cherrunt en grant dampnatiun   *333v*
13540   Par ignorance e par el nun.
Pensez partant parler de Deu
Sicume vus avrez tens e lieu
Que a lur salu peussent venir
13544   Tut cil ki vus vuldrent oir!
Il vus deivent mult escuter
E reverence grant porter;
Parler de Deu bien oir deivent
13548   Pur entendre ceo que ne seivent.
Saver deivent, si bien sunt sage,
Que venuz estes en message,
Kar al message Deu venez
13552   Quant Deu e sa vertu preechez,
E tel poesté de Deu avrez
Que quanque en terre lierez
El ciel amunt lié serrat,
13556   Nuls huem sur vus poesté ne avrat.
De meisme la poesté serrez
En quanque vus deslierez,
Ke pur diverse acheisun
13560   Sulung dreiture e reisun
Lier estoet e deslier,
Suvent restreindre e releisser.'
       Par tel e autre enseinnement
13564   Mustrat seint Pierre a Clement

13538 *letter erased after* d *with* e *added below*   13543 e nt *of* peusse nt *written on erasure*
13544 que uus *with* ki u*us added in left margin*   13556 ne *interlinear addition by corrector*

Cument sei meisme tut premier,
Puis cument autres deust guier.

   Des pruveires puis se entremist,
13568   Tute lur vie lur descrist;
Asez lur dist que mult deit estre
De nette vie chescun prestre:
'Ceo apent,' ce dist, 'a lur mestier   *334r*
13572   De meschines bien cunseillier:
Mult mettre deivent lur entente
De marier les en juvente
Einz que trop seient eschaufees;
13576   Estre deivent partant hastees
Que par force de lur chalur
Ne traent a lur deshonur.

   De femmes de eage ensement
13580   Ne deivent estre neglegent
De marier les en leauté
Que ne se mettent a vilté.

   Asez sout suvent avenir
13584   Que femme ne poet refreidir
De sa chalur, neis en vieillesce,
Dunt iert esprise en sa joefnesce.

   Pechié est grant e huneisun
13588   Chair en fornicatiun,
E cum plus suvent iert en us,
Tant iert le pechié plus grevus.

   Partant se deit l'um avancier
13592   E faire tant par marier
Que ostee seit tute acheisun
De estre en fornicaciun,
E que ne surde en eus mateire
13596   De trebucher en avuilteire.

   Avuilteire est grant pechié,
Plus dur de lui ne iert nul jugié
Fors sule reneerie

13567 Des premiers puis   13585 eneis *with first* e *expuncted*   13589 iert suuent
reordered by oblique lines and interlinear letters   13591 Part tant   13596 tresbucher *with* s
expuncted

13600	Ki ne poet estre espenie,
	Kar cil ki Deu reneerunt
	Ja puis od lui part ne avrunt,
	Ja tant ne vivent sobrement,
13604	Kar quanque il frunt trestut iert nient.
	E pur ceo, vus ki estes prestres
	E ordenez pur estre meistres
	De guverner bien Seinte Eglise,
13608	A ceo seit vostre entente mise
	Que Seinte Eglise bien guardee
	E bel par vus seit aurnee;
	Bien la guardez en chasteé
13612	Tant que el n'i eit fors netteé!
	Ele est la Espuse Jesu Crist,
	Pur lui reindre sei meisme mist;
	Il la reinst, il la achatat,
13616	E il partant plus chiere la ad.
	Ceste Espuse issi numee
	Des fedeilz Deu est l'asemblee
	Ki se traent vers Seinte Eglise
13620	E se tienent al Deu servise.
	Si tant i mettez peine e cure
	Que li Espus n'i truist blesmure,
	E tant la feites bele e clere
13624	Que vilainnie en lui ne pere,
	Ele en iert mult onuree
	Partant que en netté iert truvee,
	E vus en avrez joie e pru,
13628	Ke pleinement vus iert rendu
	Quanque en la Espuse mis avrez
	Quant des cele ure mis serrez
	E a l'Espus e a l'Espuse.
13632	La amur est bone, ki bien la use
	Grant iert la joie, grant la amur,
	Ja fin ne prendrat la duçur.
	E si issi seit par aventure

334v

335r

13603 *letter erased after* Ja; uiurent *with* r *expuncted*   13632 est *written on erasure*

13636	Que li Espus i truist suillure
	E que ele ne seit tut nette e pure
	Cum estre deit sulung dreiture,
	Vers lui se prendrat avantmein
13640	E tant la tendrat en desdein
	Que pres de lui mes ne vendrat,
	Al lit real mes ne girrat.
	Ne la prendrat en cumpainnie
13644	Puisque il troeve vilainnie,
	E vus en peinne od lui serrez
	Ki mieuz guardee ne la avrez.
	Tute la culpe iert sur vus mise
13648	Quant fieble guarde en avrez prise;
	Mult porterez dure sentence
	Si de peresce e neglegence
	Ateint seez que ceo ne seit
13652	En la Espuse que estre i devreit.
	Guard la Espuse que ne se feinne,
	Mes mette entente e mette peinne
	Sur tute rien que sobrement
13656	Tut tens se tienge e chastement!
	Guard sei de fornicatiun,
	Dunt ne poet surdre si mal nun:
	Ceo est un pechié mult criminal
13660	E ki met hume vers le val.
	Ki gist en fornicatiun
	Met sa aume en grant perditiun;
	Ki de tel pechié se entremet
13664	Mult feit que fous, ke Deu le het,
	Partant se en deit l'um mieuz retraire,
	Que trop i ad malveis afaire.
	Plusurs manieres en i ad

335v

13668	Dunt Clement vus acuinterat,
	Mes sur tutes en est premiere,
	E ki Deu plus het, avultere.
	Sur tute rien a Deu despleist

13637 tut *interlinear addition by corrector*   13671 l *of* despleist *interlinear addition*

13672	Quant hoem espus sa espuse lest,
	U la espuse lest sun espus,
	Le un e l'autre trop est grevus.
	Ki chasteé vuldrat grarder
13676	Autres vertuz porrat aver:
	Misericorde en siwirat
	Dunt deboneire devendrat,
	Partant lui vendrat charité
13680	Que de sun proesme avrat pitié,
	E sulum ceo que bien lui frat
	Misericorde en truverat.
	Sicum cil chiet en grant pechié
13684	Ki de avultere est entuchié,
	Ke ceo est cum un entuchement
	Ki partut curt e mult supprent,
	Par meimes qui ad charité
13688	E tient bone fraternité
	Par ceo guarder tant haut se met
	Que avant de ceo munter ne poet,
	Ke ki bien eime Deu e hume
13692	De tut bien ad cumpris la summe.
	Pur ceo vus di, purveu seez
	Que enprés Deu voz freres amez;
	Bien vus tenez en une acorde,
13696	En duçur e misericorde!
	Bele iert mult la religiun
	Si tuz vus tenez bien en un;
	Mult vus estoet estre purveuz

336r

13700	E que guarde prengez de tuz.
	Si vus veez povre orfeinin,
	Faites lui bien cum a cusin;
	En duçur le alez nurissant,
13704	Cum pere e mere lur enfant.
	A povres vedves bien en facez,
	E[n] grant duçur les cumfortez,

13687 K*e scored through before* meimes *with* par *added in left margin*   13702 Faites *written on erasure*

Ceo dunt unt mestier lur truvez.
13708   De vilainie vus guardez:
Quanque lur frez de charité
Guardez que tut seit en honesté;
En chasteé sur tute rien
13712   Seit quanque vus lur frez de bien!
Les vedves joefnes mariez,
Partant de peril les gettez.
Ces ki ne sunt apris de uveraine
13716   Mettez a mestier ki atteine;
Feites les faire quanque seit
Dunt pru lur surde, u vilté ne eit,
Par quei se peussent purchacer
13720   Ceo que a lur vivre iert mestier;
Ne lessez pas seer usdis
Ces ki de uveraine sunt apris.
De cunforter mult vus penez
13724   Les fiebles e les meseisez.
De quanque dit ai sui seur
Que bien le frez si en amur
Vus tenez e en charité
13728   E vers tuz guardez leauté.
De charité tut tens pensez
Que en voz curages la afermez;
Deu vus i serrat mult aidant   *336v*
13732   Si vus la alez de queor querant.
Ceo vus i porrat mult aider
Si suvent vulez asembler
E prendre suvent en cummune
13736   Les biens que Dampnedeu vus dune:
Mangez ensemble pain e el,
E si mieuz ne avez, pain e sel;
Si issi suvent vus assemblez,
13740   En charité tut bien avrez.
Mult avrunt pais en lur curage
Cil ki ceo prendrunt en usage;
Tut bien iert la u pais avrat
13744   E tut a salu turnerat.

Ces freres enviez suvent
Ki Deu aiment numeement;
Faites lur bien par charité
13748　Des biens que Deu vus ad presté.
Suvent viengent od vus mangier,
Deu vus rendrat vostre luier;
Par tels sumundre a vostre table
13752　Avrez la joie pardurable.
Les fameillus pur Deu pessez,
Des nuz vestir mult vus penez;
Reguardez ces ki povres sunt
13756　En tut ceo dunt plus mestier unt.
Grardez que a ces ne faillez mie
Ki sunt atteint de maladie,
E faites sucurs as cheitis
13760　Ki pris sunt e en chartre mis:
Tut i mettez vostre poer
Que vus les peussez delivrer.
Tut tens seez apareillez　　　　　　　　*337r*
13764　Que pelerins bel apellez;
En voz ostels les recuillez,
A vostre poer les eisez.
E que ne en voise demurant,
13768　Ne est mestier de aler moteant
Trestuz les biens ki funt a faire,
E partant en vuil a fin traire.
Tant nepurquant dirrai briefment
13772　Que charité tut bien cumprent,
E si vus avez charité,
Saver porrez a grant plenté
Que feit a faire e que a leisser,
13776　Autre meistre ne estoet aver:
Ele enseinne tut bien a faire,
Sicum feit haange le cuntraire.
Cil ki retint en sun queor haange
13780　De sa salu se feit estrange:

Haange tut tens de bien esluine,
E charité tut bien enseinne.
Si clerc vers autre feit desrei,
13784   E ne se afaitent entre sei,
Prengent le esguard de Seinte Eglise
Senz aler a laie justise:
Tut voisent mustrer as pruveires
13788   E sur eus mettent lur afaires,
Partant siwent lur jugement
E facent lur cumandement!
Tut tens vus guardez de avarice,
13792   Ceo est la racine de tut vice;
De avarice ne vient nul bien,
Ne quiert el fors guain terrien.
Avarice, ceo est cuveitise   *337v*
13796   Dunt vient suvent trop male enprise;
De avarice trop grant mal vient,
Le regne Deu pert ki se i tient.
A ceo mettez mult vostre cure
13800   Que partut seit dreite mesure;
Guardez partut dreite balance
E dreit peis u ne eit decevance;
Seez leaus e tut rendez
13804   Quanque en guarde receu avrez.
De cest e de el mult bien le frez
Si tut adés de Deu pensez,
E si vus vient a queor suvent
13808   Quel iert le derein jugement:
Si vus pensez cum il iert dur,
Mult vus en prendrat grant hisdur;
Pour en avrez de mesprendre,
13812   E ceo vus frat a bien entendre.
Cument porrat hume pecher
Ki de ceo vuldrat bien penser?
Nuls hoem a fable ceo ne tienge

13781 de bien *added to right of text by corrector*   13801 *two letters erased after* G *of*
Guardez   13812 a *interlinear addition*   13815 ne *interlinear addition by corrector*

13816   Del jugement que astrus ne vienge;
     Tuz seient seur que il vendrat,
     Mes cest siecle avant finerat!
     Tut iert a veue la retreit
13820   E bien e mal que avant iert feit;
     Reguerduné bien i serrunt
     Tut cil ki bien ci feit avrunt,
     E ki se tendrunt al mal ci
13824   Irrunt en peine senz merci.
     La prendrat chescun sa deserte,
     Mes les uns guain, les autres perte,
     E ki ci creire nel vuldrat   *338r*
13828   Al prendre le aparceverat.
     Li veir prophete Jesu Crist
     Quanque ci dit ai tut nus dist;
     De cest asez nus acuintat
13832   E del juise ki vendrat.
     Pur ceo vus di ki vulez estre
     De la escole nostre bon meistre,
     Cum bons disciples le escutez
13836   E de voz queors descorde ostez:
     Nuls vers autre eit maltalent,
     Dunt bien ne surt, mes mal en vient;
     Seez simples e deboneires,
13840   Dunc irrunt bien tuz voz afaires!
     E si par aventure avient
     Que aucun de vus suppris se sent
     De malveis vice, cum de envie,
13844   Ne soeffre pas que ele se alie
     Pur demurer en sun curage,
     Ne que la face sun estage!
     De autre vice face ensement
13848   Quant traveillié de rien se en sent:
     Demeintenant le voist mustrer
     A sun prelat senz hunte aver;
     Senz rien celer tut lui cunuisse,

13848 en *interlinear addition*

13852   Cunseil demand tant que il le truisse
          E bon e sein e ki lui vaille
          Cuntre le vice kil travaille!
          Cil ki deit sa aume guverner
13856   Par la parole Deu parler
          En bone fei cumfort lui frat
          Ki mult a pru lui turnerat;
          Il le mettrat en dreite fei   *338v*
13860   Ki bien le frat venir a sei.
          Par bone fei frat bone uveraine
          Kil frat eissir de cele peine
          Que par le vice ad al queor eu,
13864   Partant eschaperat del feu
          Ki tut tens art, e cumquerrat
          La grant joie que fin nen ad.'
             Seint Pierre acuintat les pruveires
13868   Par tant dire de lur afaires;
          Vers les diacnes puis se turnat,
          De lur mestier les asensat:
             'Cil,' ceo lur dist, 'ki diacnes sunt
13872   Bien facent ceo purquei le ordre unt!
          Puis la ure que il le ordre receivent
          Cum uilz le evesche estre deivent;
          Tut sun poer mette chescun
13876   De tenir sei en religiun,
          De Seinte Eglise bien cerchier
          Que rien n'i eit dunt chalenger!
          E si issi seit que il veient rien
13880   Dunt suspeçun ne seit de bien,
          Numeement que aucun i eit
          Ki de tel cuntenement seit
          Dunt en pechié deive chair,
13884   Le eveske en voisent tost guarnir
          Que de chair seit desturbé,
          U si chaet est, seit redrescé!
          Le eveske deivent acuinter

13873 le *interlinear addition*

13888	De quanque il veient mesaler;
	Guarnir le deivent e tant faire
	Que le pechur peusse a bien traire.
	Quant aucun veient neglegent,
13892	E que a la eglise vient relment
	E ne tient plai de la venir
	Pur la parole Deu oir
	Quant li eveske feit sermun —
13896	Ke la se deit traire chescun —
	Il le deivent bel apeler
	E que il se amend amonester.
	Ki pur oir adés i vienent
13900	E ceo que il oient bien retienent
	Cumfort avrunt nient sulement
	En cele vie kis attent
	En l'autre siecle u Deu durrat
13904	La vie qui fin ne prendrat,
	Mes en cest siecle cunforté
	Serrunt de tute adverseté,
	Tut survienge tele adventure
13908	Ki mult lur feit a suffrir dure,
	Cum par estre cuntrarié
	Si dolent sunt u curucié
	U pur damage temporel
13912	Cum de perte de lur chatel
	Par pestilence u autrement
	Sicum al siecle avient suvent,
	U si chose ditte lur seit
13916	Par vilanie e par surfeit
	Que tant les grieft e tost e tart
	Sicum el queor eussent un dart
	Ki fermement i fust fichié
13920	E ki ne en peust estre sachié.
	De tels ennuis e plus asez
	Dunt genz soelent estre trublez

339r

13890 chur *of* pechur *written on erasure by corrector*   13891 ueient *written on erasure and repeated above*   13904 que *with* i *added above* q   13905 *letter erased after* siecl *with* e *added above*   13911 E *with brown-washed* V *added to left*   13917 griest

Delivre serrunt de legier   *339v*

13924   Si bien se lessent cunseillier

De lur eveske ki dirrat

Ceo que a cunfort lur turnerat.

Sa predicatiun frat tant,

13928   Si bien lui vunt obeisant,

Que tut lur iert asuagié

Ceo dunt furent cuntrarié.

Ki ne me vuldrunt de cest creire

13932   Encuntrer porrunt grant cuntraire:

Tant lunges cum se sustrerrunt

E la parole Deu ne orrunt,

Tut remeindrunt descunforté

13936   En tute lur adverseté.

Il serrunt murnes e marriz

E de vices trop repleniz;

Le regne Deu partant perdrunt

13940   E cum espine e runce ardrunt.

Terre ki respunt malement

E rent espine pur furment,

U ki tant est faillante en sei

13944   Que rien ne porte fors runcei,

Quant rien ne en surt ki turnt a pru,

Dreiz est que mis i seit le feu

Que ceo ars i seit que sure crest

13948   E mis a nient quant pruz nen est.

Facent lé deacne lur mestier

Senz mettre en rien a nunchaler;

De malades prengent grant cure

13952   E mettent peine de succurre!

Le poeple en deivent acuinter,

E que il les viengent visiter;

E sulung ceo que il eisié sunt,   *340r*

13956   Facent lur bien de ceo que il unt!

Chescun pur Deu del soen lur face

Issi que lur prelat le sace;

13951 c *added in right margin (to clarify* c *of* cure *?)*

E nepurquant ne iert pas pechié,
13960   Tut ne l'en eient acuinté.
A l'eveske facent saver
Quant pelerin vient herbergier;
Il le en deivent pur ceo guarnir
13964   Que apresté seit de recuillir
Le pelerin ki ad mestier
Seit de beivre, seit de mangier.
Li deacne purveer se deivent
13968   En cest e en el de quanque il seivent;
Ne seient pas lanier ne lent
En ceo que a Seinte Eglise apent.
Lur mestier est de sei pener
13972   Tant que autres peussent amender
E par essample e par parole
Que apris eient en bone escole.
Mult bien apris les estoet estre
13976   Avant que il seient autrui meistre;
Tant deivent saver de lettrure
Que de aume sace[nt] prendre cure.
Saver estoet quant e cument
13980   Il deivent parler a la gent;
Mult les estoet estre discret
E que il sacent que chescun poet.
Issi deivent a tuz parler
13984   Que tuz i peussent profiter:
Bien deivent estre avant purveu
Que de tuz seient entendu;
A tuz se deivent afurmer   *340v*
13988   E faire sei de tuz amer.
Chescun se guart, quant vient al dire,
De ordre tenir en sa mateire!
Cil ki deit autres enseinner
13992   Maurement se deit porter;
A sei meimes tant deit entendre

13960 en *of* eient *written on erasure with* eient *repeated in right margin*   13980 parlaer *with second* a *expuncted*

Que l'um ne i truisse que reprendre.
Od tut ceo que il deit mult saver,
13996   Rien en terre ne deit duter,
Mes parler deit hardiement
De quanque il seit que a Deu apent,
Sicum jeo quid e jeo l'entend
14000   Que vus le verrez de Clement:
Quanque vus ci de mei oez
Par aventure en lui verrez.
Si jeo ci tut dire vuleie
14004   Quanque de cest dire porreie
Cument chescun porter se deit,
A grant afaire amuntereit.
Mes nepurquant ceo est mun desir
14008   Sur tute rien de vus oir
Que bel e bien vus cuntenez
E que cuncorde e peis guardez
Que quant de ci devrez partir,
14012   A la cité peussez venir
Dunt Sires est li Rei des Reis,
Quanque la sunt unt joie e peis.
    Ki bien esguarde Seinte Eglise,
14016   En quel estat ele seit mise,
Mult semble nef ki est en mer
U gent se sunt mis pur passer.
De divers lieus i sunt venuz,   *341r*
14020   Grant est la nef u entrent tuz
Ki desirent de la venir
U nuls ne poet de mort murir.
Plus que autres reis est poestis
14024   Ki Sires est de cel pais;
En cel pais est la cité
U tuz biens sunt en grant plenté.
Bien curt la nef, sigle levé,
14028   Tant cum li tens lui vient a gré,
E veit waucrante asez suvent

14023 poestif

Quant le oré ne est a sun talent.
E quant il vente a desmesure,
14032 E les wagges lui curent sure,
E grant dute est de periller,
De bon guiur ad dunc mestier:
Deus en seit guiur suverain
14036 Ki ciel e terre ad en sa main,
E Jesu Crist, nostre Sauvere,
Bien cunduie la nef vers terre;
La seinnurie seit sur eus,
14040 Sur Pere e Fiz ki sunt uns Deus!
Li evesche laenz siece en chief
Ki surveie tute la nef;
Siecent li prestre as aviruns
14044 Prest de naggier quant sunt sumuns;
Ne i seient pas li deacne usdif,
Mes estre i deivent ententif
De tut veer, tut ordener
14048 Quanque en la nef avrat mestier;
Cil ki plus sunt en ordre bas
Guardent que ne se feinnent pas
De ancres guarder, de cordes tendre,   *341v*
14052 De quanque iert mestier guarde prendre:
Chescun i mette sun poer,
Tuz en la nef avrunt mestier!
Cil ki se sunt en la nef mis
14056 E ki de mer ne sunt apris —
Ceo sunt li lai numeement —
Tiengent se laenz tut coement!
Tele est la nef, e cil sunt tel
14060 Ki servent laenz que de un, que de el.
La mer cest siecle signefie
Ki trop est plein de male attie.
Les venz que ventent trop a rage
14064 E les wagges dunt surt damage

14035 guiur *written on erasure*   14044 i *of* naggier *interlinear addition*   14058 *letter
expuncted and erased after* se   14060 *first* de *written on erasure*

Les temptatiuns signifient
Ki Seinte Eglise cuntrarient.
Les tempestes e les granz floz
14068 Ki se asemblent a grant efforz
Semblent les persecutiuns,
Les perilz e les tribulatiuns
Dunt Seinte Eglise est traveillee
14072 E trop en est suvent grevee.
Les venz ki surdent des valees
E des ewes a granz buffees
Dé faus prophetes unt semblant
14076 Ki la mençunge vunt sufflant
Dunt plusurs sunt suvent suppris
Tant que en errur par eus sunt mis.
Li rochier ki sunt en la mer
14080 Ces poent bien signifier
Ki se mustrent en grant duresce
Quant munté sunt en grant hautesce;
Forcibles sunt a faire tort
14084 E de jugier la gent a mort;
Que par manace, que par el
Tenir se funt cruel e fel;
Tant eissillent e tant dechacent
14088 Que ne lur chaut quel mal il facent.
Ceo que les undes se entreencuntrent
E que a la nef suvent se hurtent —
La se depiecent quant la vienent
14092 E mes ensemble ne se tienent —
De ces mustrent signifiance
Ki sunt de trop fieble creance:
Partant que il ne unt pas ferme fei,
14096 Mult vunt desputant entre sei
Pur reisun querre e proeve faire
De ceo que l'um ne poet fors creire.
Ki faus e ypocrite sunt
14100 Semblent roburs ki par mer vunt.

342r

14084 E *added to left of text by revisor* 14095 pas *interlinear addition*

Li peril ki Caribde ad nun
E tant treit a perditiun,
Ki tut engule e tut devure
14104 Quanque aproesce e lui vient sure,
Que poet ceo signifier mieuz
Que granz e criminaus pechiez
Ki senz recuvrier e resort
14108 Traent a pardurable mort?
Mult funt ces perilz a duter,
E mult se en deit chescun gueiter.
Cil ki se sunt en la nef mis
14112 E vunt tesant vers le pais
E vers la cité desiree
U ne ad tençun ne medlee —
Mes peis, amur e joie i est   *342v*
14116 Ki tut tens dure e ne descrest —
Deu les estoet de queor preer
Que les perilz peussent passer
E que la peussent ariver
14120 U peril ne ad ne desturbeer:
A la cité numeement
U tut bien est e de mal nient.
Lur ureisun ·bien orrat Deus
14124 Si peine mettent de estre tels
Que lur uvraines bones seient
E de mal faire se retraient;
Lur ureisun en iert oie
14128 Quant de bon feit lui vient aie.
Cil ki se sunt mis en la nef
En peis se tiengent e suef!
Del lieu ne deivent remuer,
14132 Mes coi se tenir e guarder
Que de eus ne vienge desturbier
As mariniers en lur mestier.
Ne i deivent curre, ne saillir,
14136 Ne entrebuter, ne entreferir,
Dunt la nef seit a reverser,
E tuz seient a l'enfundrer.

Ki mestier unt e sunt feit meistre,
14140 Numeement cum deacne e prestre,
E tut li autre ordené
Ki sunt a mestier aturné,
Chescun i die e face tant
14144 Cum sun mestier veit demandant;
Les uns les autres bel enortent
Que bien se tiengent, bel se portent!
Cil ki guardent le enteivrement
14148 De rien ne en seient neglegent:
Guardent que il eient prestement
Quanque a la nef guier apent;
Chesun purveu par tens i seit
14152 Que prest i eit quanque aver deit!
Li eveske, ki en chief siet
E surveer trestut i poet,
Tute la nef deit guverner
14156 Par la parole Deu parler.
Vers Jesu Crist, le bon Sauvur,
Entendent tuz od grant amur!
A lui deivent entendre tuit
14160 Quant sauvement la cunduit.
La nef de Seinte Eglise guie,
Ne poet perir ki bien se fie:
Quanque il cumande feit a faire
14164 E quanque il dit feit mult a creire;
A lui se deivent tuz tenir,
Partut lui deivent obeir.
E Deu, nostre suverein Pere,
14168 Od tut cest feit mult a requerre
Que il guard la nef e duinst tel vent
Par quei peust sigler prosprement,
Senz periller u dute aver
14172 Des granz perilz ki sunt en mer.
Cest siecle est suvent en barat
E relment est en bon estat:
Sicum la mer munte e retreit,
14176 En tempeste fort estre i feit.

343r

Mult est li siecle perillus,
Mult se change, mult est guischus;
Ki plus i vivent lungement   *343v*
14180 Plus en pernent esperement.
Il est suvent en grant effrei,
Adés i ad e feim e sei;
Mangier e beivre adés estoet,
14184 Ki ceo ne feit, vivre ne i poet;
Freit i soefrent ki dras nen unt,
E li plusur malade i sunt;
Les uns les autres vunt gueitant,
14188 Ki pour unt vunt defuiant.
E[n] grant anguisse e grant dulur
Sunt el siecle tut li plusur:
Asez i ad de dechacez,
14192 De bien egris e meseisez,
Mes Deu, quel ure que il vuldrat,
Les deschacez reasemblerat.
Suvent se soelent delivrer
14196 Par vomite ki vunt par mer;
Le mal ki sur le queor lur gist
Par la buche del cors lur ist.
En ceo est significatiun
14200 De la bone confessiun
Que plusurs en cest siecle funt
Des pechiez dunt encumbré sunt.
De quanque lur queor les remort
14204 E treit a pardurable mort
Par la buche cunfés se funt
E cunuissent quanque feit unt,
E par cele cumfessiun
14208 Lur en feit Deu verrai pardun.
Sicum li cors partant guarist
Que la glette par vomite ist,
Tut si guarist la cunscience   *344r*
14212 E de mal faire e de cunsence

Dunt encumbree se senteit
Tant cum le mal dedenz aveit.
Plusurs suvent engruté sunt
14216 De quanque seit que il usé unt,
E la aume sout enmaladir
Quant se delite en mal desir.
Vomite al cors feit guarisun
14220 E a l'alme cumfessiun,
Mes de diete mestier unt
Ki par vomite purgé sunt:
Bien se guardent de rien user
14224 Ki puis lur deive a pis turner;
Ki cumfés sunt tut ensement
Mult se guardent estreitement
De mal penser e mal desir
14228 E de quanque lur poet nuisir!
Mes de l'evesche nepurquant
Sacez, sicum il est avant,
Plus deit suffrir e travailler
14232 Que cil que il ad a guverner.
Quant Deu vendrat al luier rendre,
Chescun pur sei iert prest de prendre:
Sulum le travail de chescun
14236 Rendu serrat le gueredun,
Mes a l'evesche la iert rendue
Deserte de tuz od la sue.
La une e l'autre rendue lui iert,
14240 Mes sulung ceo que il la desert.'
    Seint Pierre parlat lungement,
Que as ordenez, que a l'autre gent,
E vers Clement puis se turnat,
14244 De lui aprendre mult se penat:
    'Clement,' ceo dist, 'seez purveuz,
Sacez que vus estes sur tuz!
Tut le travail e tut le fes

344v

14213 senteiit *with second* i *expuncted* 14214 le *written on erasure* 14215 ru *of* engrute *reformed from illegible letters with* engrute *added to right of text* 14237 la *interlinear addition by corrector*

14248 De tuz devez porter adés:
Mettez i tute vostre entente
Tant que chescun de bien se sente.
Jeo vus cumand ci mun mestier,
14252 Mes ne en sui perdant al livrer:
La grace que Deu me ad dunee
Tute vus ai ci cumandee;
Tute la doins e tute la ai,
14256 Vus la avrez tute, e jeo la avrai.
En Damnedeu vus cumfortez,
De lui me fi que bien le frez.
Des travailz que ci sufferez
14260 Mult grant merite cunquerrez
Quant sauvement ariverez
Od la nef Deu que vus guiez.
Quant vus la merrez al rivage
14264 E seine e sauve e senz damage,
Prest vus i iert vostre luier;
Pur vus meimes ceo iert li premier,
Puis pur la nef e pur chescun
14268 Ki laenz iert prendrez gueredun.
Si l'um vus het par aventure,
E neis les freres pur dreiture
E pur vus tenir en reddur
14272 Vus en acuillent en haur,
De tel haur vus seit a nient
Pur justise numeement!
Ne aez de ceo puint de pour,   *345r*
14276 Deu vus durrat la sue amur;
Ne vus estoet de ceo chaler,
Que ne vus poet granment blescer.
Ne tenez plai de estre loé
14280 De malveis hume, ne blasmé;
Ne tenez plai de aver haur
De malveis hume, u sa amur,
Kar la amur de malveis gent
14284 Ne turne pas a bien suvent.
Tel lur haur, tel lur amur,

En le un e l'autre ad poi de onur.
Mult mieuz vus iert de amer dreiture
14288 E de guarder partut mesure:
Par ceo guarder loé serrez
De Jesu Crist e bien amez.'
Seint Pierre turnat vers la gent
14292 Quant il out tant dit a Clement;
Al poeple parlat e lur dist:
'Chiers freres e serfs Jesu Crist,
Obeisant partut seez
14296 A Clement que vus ci veez!
Sur vus le met pur vus guarder
E ceo que veirs est enseinner.
Sacez que ki lui trublerat
14300 Vers Jesu Crist forfeit serrat
Ki lui cumande sa chaere,
E mult granment avrat a faire;
E ki vers Jesu Crist mesprent
14304 Deu sun Pere mult en offent:
Ki Jesu Crist ne veut cherir,
Nel veut sun Pere recuillir;
Dur jugement en iert rendu,
14308 El regne Deu ne iert pas receu.
Chescun partant purveu en seit
E face ceo que faire deit!
A jurz numez vus asemblez
14312 E la parole Deu oez.
De neglegence vus guardez
E peresce de vus ostez,
Kar si vus seez neglegent,
14316 Damnatiun vus en attent,
E si vus seez pereszus,
Del regne Deu vus iert clos le us,
Kar Jesu Crist vus forsclorrat,
14320 Ja puis entrer ne vus lerrat.
A Clement suvent repeirez,

345v

14293 *letter erased between* parlat *and* e   14294 serff

De aver sa grace vus penez;
Mettre nel devez en ubli,
14324 Mes en tuz lieus seez pur lui!
Ne suffrez que l'um lui forface,
Partant deserverez sa grace:
Afaire ad a fort enemi
14328 Dunt iert mult forment asailli;
Il sul esterrat pur vus tuz,
Vaillanz estoet que il seit e pruz.
Guarder le estoet que il ne defaille
14332 Quant pur vus tuz entre en bataille,
Pur ceo cuvient que tut adés
En grant amur lui seez pres:
A lui vus tenez fermement,
14336 A lui seez obedient.
Si vus e il a un seez,
E vus e il seur serrez;
Ne lui porrat li Deable nuire,   346r
14340 Mes Clement le porrat destruire.
Il ne poet pas a tut entendre
Quant il se met pur vus defendre,
De aucune chose estoet partant
14344 Que par vus seez enpernant;
Plusurs choses devez saver
Par vus meismes senz meistre aver.
Si il issi seit que male gent
14348 Voisent mesdire de Clement
E que il meimes ne i peusse entendre,
Ne sei meimes vers eus defendre —
Numeement si aucun le het
14352 E vait querant le mal que il poet,
Quant pis ne poet, il lui detrait
E turne a mal les biens que il feit —
Vus ki ceo oez, seez purveu
14356 E penez de estre sun escu.
Ne devez pas attendre tant

Que Clement vienge e vus cumant
U pur sei meimes vus requiere,
14360 Seez pur lui tut senz preere!
Ne devez pas tel gent cherir
Ki ne voelent a lui tenir;
Saver devez sa volenté,
14364 Tut ne vus seit il acuinté.
Fuir devez lur cumpainnie
Tant cum se tienent en attie;
Od eus neis parler ne devez
14368 Quant Clement parler ne i veez.
Ne vus en devez pas retraire
Pur vilté de eus, ne pur cuntraire,
Mes que cil ki les culpes unt,   *346v*
14372 Quant de lur amis perdant sunt,
Repentent sei de lur folie
Quant ne lur portez cumpainnie,
E que pur hunte, que pur el
14376 Se retraent de estre mes tel
E se afaitent a lur prelat
Par lesser tut malveis barat;
Quant il se veient senz ados,
14380 Guerpissent lur malveis purpos
E lessent ceo que enpris aveient
Quant senz cunsence e sul se veient,
E quant mes ne unt familier,
14384 Viengent pur sei humilier
E la seient obeisant
U furent des einz mesdisant.
Cil ki se tendrat a tel gent
14388 Tant cum sunt en tel maltalent
E ki vuldrat od eus parler
Quant ne se voelent amender,
E quant Clement parler ne i veut,
14392 Cil est cum un de eus tut de but:

14358 cumand *with* t *added to right of text* 14367 *three letters erased between* parler *and*
deuez *with* ne *added in right margin* 14371 que *interlinear addition* 14382 *see note*
14385 i *of* obeisant *interlinear addition*

Cil veut destruire Seinte Eglise
Cum cumpainnie ad od eus prise.
Tut voist cil od vus enz e hors,
14396   Li queors ne i est pas, mes le cors:
Sun queor de but est cuntre vus,
Vus en estoet́ tant gueiter plus.
Asez est plus fort enemi,
14400   E plus estoet guarder de lui
Que de celui ki tut a veue
Se tient en la descuvenue,
Kar cil ki vait od vus e vient   *347r*
14404   E par semblant od vus se tient
Par la amistié que il vait feinant
Seinte Eglise vait destruiant.'
Quant seint Pierre tant dit i out
14408   Que bien a tuz suffire deut,
Sa mein getat e prist Clement
En veue de tute la gent.
Il le saisi de sa chaere,
14412   Clement se en vout mult traire ariere,
Mes seint Pierre force lui fist
E, tuz veant, en sié le mist.
    Quant Clement sist en la chaere,
14416   Huntus en fust de grant maniere;
Si mult n'en eust duté seint Pierre,
Del tut se fust retrait ariere.
Seint Pierre esteit joius e lié
14420   Quant vit Clement seant al sié;
Une requeste dunc lui fist,
En oiance de tuz i dist:
    'Une chose requier, Clement,
14424   Ces oiant ki ci sunt present:
Que ceo ne seit pas ublié,
Quant vus me savrez devié,
Que tut ne mettez en escrit
14428   Ceo que vus savez que jeo ai dit.

14418 feust *with* e *expuncted*

Ceo que vus avez de mei veu
Despuis que estes a mei venu
Tut en escrit briefment mettez
14432 E par escrit en acuintez
Jacob, frere nostre Seinnur;
Dé dous Jacobs, ceo est li Menur.
Escrivez le cumencement   *347v*
14436 De vostre fei, quant e cument
E de quel aage a mei venistes,
E cument puis od mei remeistes
Senz unkes puis partir de mei,
14440 Mes lealment en bone fei
A mei vus estes puis tenu
E tut adés od mei venu.
Mes entrees e mes eissues
14444 Par tuz mes eires avez veues;
Par burcs, par chasteaus, par citez
Ma porture bien veu avez;
E de ma predicatiun
14448 Bien avez oi la reisun,
E de quanque jeo ai desputé
Adés avez bien escuté;
E tost e tart bien avez seu
14452 Cument jeo me sui cuntenu,
Cument me port priveement,
E cument quant sui entre gent.
De ceo que ai feit u que ai parlé
14456 Rien ne vus est de tut celé:
Tut cest savez e veu le avez,
Ceo meimes briefment escrivez.
A poi de tens plus savrez,
14460 Quel fin jeo prendrai bien orrez:
Quant ceo avendrat, tut le enbrevez,
Le escrit a Jacob enveez.
Ne dutez pas que il seit dolent
14464 U que il se truble trop granment

14430 estesl *with* l *expuncted*   14431 *letter erased between* en *and* escrit

Quant de ma mort orrat parler,
Pose ad que il sout bien que jeo quier:
Jeo ne ai pas quis proprieté,   *348r*
14468   Mes la cumune utilité.
A grant cunfort lui turnerat
Quele ure que il entenderat
Que tels hoem est mis en mun lieu
14472   Ki sages est e sulum Deu,
E que tels hoem ne i est pas mis
Ki de saveir seit poi apris,
Mes tel ai mis en ma chaere
14476   Ki bien entent que feit a faire
E la reule de Seinte Eglise
Ensemble od le ordre ad tute aprise.
Kar il entent bien que quele ure
14480   Cil ki poi seit receit la cure
De autres guarder e enseinner
De tutes parz feit a duter:
Quant li doctur est nescient
14484   E de sun mestier poi entent,
Ses disciples deceu serrunt
E cum avoegles remeindrunt,
Partant les estoet trebucher
14488   Quant ne poent gute veer.
Quant li doctur est nunsavant,
Il meimes se vait trebuchant;
Ses disciples, quant apris ne unt
14492   Le dreit chemin, aprés lui vunt.
Ensemble vunt a male veue
Quant la lei Deu ne unt entendue;
Quant bien ne sement, bien ne avrunt,
14496   Tuz une veie ensemble irrunt.'
        Clement entendi la preere,
Bien sout ja le pleisir seint Pierre;
Tut le receut, e bien pramist   *348v*
14500   De faire quanque il requist.

14490 *letter erased between first* m *and* e *of* meimes; se *interlinear addition*

Ne sai del tens, ne sai des jurs
Si poi passerent u plusurs,
Mes tant sai bien que a cele fie
14504 Teneit Nerun la seinnurie
Des Rumeins, e fud clamé sire
De quanque apendeit a l'empire.
Nerun fud cruel emperiere,
14508 Fort iert a suffrir sa maniere;
Il fist mult mal e poi de bien,
Miez crei que il unkes ne en feist rien.
Seint Pol li apostle, el tens Nerun,
14512 Prudhoem esteit e de grant nun:
Mult aveit pur Deu traveillé,
Mult out preché, mult out parlé
Que par citez, que par cuntrees,
14516 Mult out terres envirunees.
Quant feit out aillurs ceo que il pout,
Vers les Rumeins traire se vout:
Il vint a Rume pur precher
14520 E la parole Deu parler;
En ceo mis out tut sun desir
Que genz a Deu peust cunvertir.
Seint Pierre a Rume avant esteit,
14524 Seint Pol vint puis ki mult saveit.
Amdui mult furent alosez,
Kar mult esteient renumez;
De lur saveir e lur vertuz
14528 Que lung, que pres parlerent mulz.
Pur Deu se furent traveillé,
Mes ne ierent pas ensemble alé;
Tut en diverses regiuns   *349r*
14532 Firent lur predicatiuns.
Ne furent pas cuard ne lent,
Mult cunvertirent a Deu gent;
De lur eires ja tant feit eurent
14536 Que ensemble a Rume venuz furent.
Seint Pierre avant i fud venuz
Ki des Rumeins cunverti mulz;

Les nobles dames cunverti
14540   Dunt tele i out ki se en parti
E mes ne aproesça sun barun,
Cum Libia, femme Nerun.
Des autres femmes ensement
14544   Plusurs se tindrent chastement,
E si guerpirent lur mariz
Que mes ne vindrent a lur liz,
Dunt lur baruns, quant se aparceurent,
14548   Vers seint Pierre trop malqueor eurent:
Mult volentiers ennui lui feissent
Si lieu truvassent e tens veissent.
Pur ceo ne lessat pas seint Pierre
14552   Tant que se en vousist traire ariere;
Delivre alat par la cité
E prechat tut a volenté.
De seint Pol fud tut autrement,
14556   Ne pout pas aler franchement,
Kar il fud pris e retenu
E desuz guarde la venu.
Il ne pout pas lessur aver,
14560   Ki que venist, de od lui parler
Si de ses guardeins cungié ne eust,
Od ces pout parler ki lur pleust.
Mes nepurquant ne vout lesser,   *349v*
14564   Quant truvat hume a ki parler,
Que Jesu Crist avant ne meist
E que de lui mult bien ne deist.
Partant avint que chevaliers
14568   Le vindrent veer volentiers;
Neis de la chambre le emperur
Veer le vindrent li plusur.
Des chivaliers plusurs ki vindrent
14572   De lur mestiers puis plai ne tindrent;
Ki firent einz grant estultie
Par nun de lur chevalerie

14562 pou *scored through between* pout *and* parler   14570 plusurs *with final* s *erased*

A Jesu Crist se cunvertirent
14576 E le emperur mes ne servirent.
Seint Pierre vint seint Pol veer,
Lur joie fud grant a l'encuntrer;
A grant amur se entreacolerent,
14580 A grant joie se entrebeiserent;
Mult plurerent quant se entrevirent,
Tut fud de joie quanque il firent.
Seint Pol cuntat les granz ennuis
14584 Que il out suffert avant e puis,
E des ennuis que il aveit eu
Par ceo que il iert par mer venu.
Suvent se soelent ennuier
14588 Cil ki demoerent mult en mer,
E lungement gisir en nef
Sout bien suvent turner a grief;
E quant turmente les supprent,
14592 Cum de granz pluies e de vent,
Tant plus sunt en aventure
Cum turmente plus munte e dure.
Aprés ceo que seint Pol dit out   *350r*
14596 Ceo que a seint Pierre dirre vout,
Seint Pierre a seint Pol recuntat
Les granz ennuis que il encuntrat
Que Symun Magus feit lui out
14600 Ki mal lui quist de quanque il pout.
Venuz a Rume iert cil Symun
E fud od le emperur Nerun.
Mult fist merveilles, lui veant:
14604 Sa chere alat suvent chanjant,
Ore iert vieillard e puis enfant,
Ore fud petit, aprés ceo grant,
Ore se mustrat en vis de hume
14608 E tost aprés en vis de femme;
Chiens fait de areim feseit baer,
Ymages fist par sei muver.

14591 supprent *added after* prent *as alternative*

Par cest e el dunt mult feseit
14612   Deceu plusurs suvent aveit.
Vers le emperur out ja tant feit
Que Fiz Deu pur veir le teneit,
Kar dit lui out: 'Sire emperiere,
14616   Oez que ceo est que vus vuil dire:
Jeo sui Fiz Deu, del ciel eissu
E desque en terre descendu!
Que ceo veirs seit vus pruverai,
14620   La teste couper me lerrai
En privé lieu que seit obscur
E morz serrai desque a tierz jur;
De mort al tierz jur leverai
14624   E devant vus tut sein vendrai.
Si jeo ne faz ceo que dit ai,
Puis ne me tenez a verrai:
Si jeo relief, mieuz me en creez,   *350v*
14628   Si nun, mar puis de rien me orrez.
De ceo espruver sur vus ore iert
Que bien en peussez estre cert.'
   Nerun vout saver si veir fust
14632   Que Symun de mort lever peust.
Il le cumandat decoler
En lieu obscur u rien ne eust cler,
E puis remeist el lieu obscur
14636   Desque il relevast al tierz jur;
Ne i deut entrer puint de clarté,
Kar puint ne i out de verité.
De males arz sout mult Symun
14640   E fist la venir un multun;
Del multun fist — ne sai cument,
Fors par malveis enchantement —
Que ki reguardast le multum
14644   Pur veir quidast veer Symun.
Cil ki decoler Symun deut

14618 en *expuncted between* en *and* terre   14627 relees   14629 i *erased and expuncted*
before iert   14640 feist *with* e *expuncted*

Le multun pur Symun receut;
En obscur lieu le multun mist
14648 E pur Symun iloec le oscist:
Oscis quidat aver Symun,
Mes il out oscis le multun!

Cil nepurquant ki oscis le out
14652 Si bien le eust mort cert estre vout:
La teste traist vers la lumiere,
Mes changee truvat la chiere;
Ne parut pas teste Symun,
14656 Mes parut teste de multun;
Le enchantement fud tut desfeit
Quant la teste coupee esteit.

Ne l'osat dire a l'emperur,   *351r*
14660 Ke mult esteit en grant pour
De ceo que il out cerchié e veu
Ceo dunt il out le defens eu.

Symun tapi, mes ne sai u,
14664 Desque al tierz jur ne fud pas veu.
Avant se mist quant vint tierz jur
E se mustrat a l'emperur;
Signe de mort ne out nul en lui,
14668 Ne que il eust suffert puint de ennui:
Li trechiere ne out mal sentu
Kar li multun pur lui mort fu!

Il cumandat sun sanc cuillir
14672 E cum relike chier tenir.
Dunc quidat cert estre Nerun
Que levé fud de mort Symun;
Verrai Fiz Deu puis le quidat
14676 E puis cele ure le onurat.

Mal arteillus esteit Symun,
Kar il ne pensat si mal nun;
De faire mal out tens e lieu
14680 Quant Nerun le tint pur Fiz Deu.
Que de seint Pol, que de seint Pierre
Mesdist cum cil ki fud mentierre;
Mult mist sa peine de eus grever,

14684   Kar il ne finat de eus medler;
          Vers le emperur les deparlat,
          A sun poer les empeirat.
          Un jur entrat a l'emperur
14688   Quant bien se tint de lui seur;
          A lui parlat cum tuit cil funt
          Ki de lur amis seur sunt:
          'Sire emperiere,' ceo diseit,   *351v*
14692   'Vus avez bien veu que jeo ai feit:
          Jeo sui Fiz Deu, bien le ai pruvé,
          Morz fui, mes jeo sui relevé!
          Mes un Pierres se est vers mei pris,
14696   Que tost, que tart mult me ad mal quis.
          Apostle se feit un Jesu,
          Cil a sun dit sun meistre fu;
          De Nazareth fud cil Jesus,
14700   Il out disciples asez plus:
          Ne fait a tenir de eus grant plai,
          Il sunt de asez povre cunrei.
          De cel Pierres mult ai suffert,
14704   Neis uncore tut mal me quiert.
          Od ceo que il me est a mal alé
          De nuvel me est mun mal dublé:
          Venuz lui est un cumpainnun
14708   De sa siute ki Pol ad nun.
          A Rume sunt venuz ambedui,
          A vostre empire frunt ennui
          Si plus en haste ne en pensez
14712   E le pais en delivrez.'
              Nerun, ki mult iert a mal prest,
          Q[ua]nt de Symun out oi cest,
          Seint Pierre e seint Pol fist mander
14716   Que il venissent a lui parler.
          Truvé furent tut prestement
          Ki firent sun cumandement;
          Seint Pierre e seint Pol venir firent

14701 plait *with* t *erased and expuncted*   14713 Neerun *with first* e *erased*

14720 Ki de venir bien se asentirent.
Quant il vindrent devant Nerun,
La truverent cuntre eus Symun
Ki tut errant les acuilli,   *352r*
14724 Par maltalent les asailli.
Entendre fist a l'emperur
Que trop esteient malfeitur:
'Cist sunt disciple,' ceo diseit,
14728 'Jesu ki ja lur meistre esteit.
Cil Jesus fud de une cité
Ki cuntre vus ad mult esté
E Nazareth est apelee,
14732 Mes le pais ad nun Judee.
A ces estat mult malement,
Kar trop sunt hai de lur gent;
Par lur surfeit e lur ultrage
14736 Esluinné sunt de lur lignage.
Dechacié sunt de lur pais,
Guerpi les unt tut lur amis;
Tut seient il nez de Judee,
14740 Mar veu serrunt en la cuntree;
Il ne unt repair la, ne recet,
Tut lur lignage tant les het.'
A ces paroles dist Nerun:
14744 'Jeo vuil saver que deit, Symun,
Que ces dous humes tant haez
E que vus tant les parsiwez.
Deus aeime e cherist tute gent
14748 Senz querre lur empeirement;
E vus purquei tant mal querez
A ces humes que ci veez?'
'Sire emperiere,' dist Symun,
14752 'De ces dous humes vus respun,
E de tute lur cumpainnie,
Que mult unt eu de mei envie.
Par Judee sunt tant alé,   *352v*
14756 Tant unt la feit, tant unt parlé
Que tuz se sunt de mei sustreit,

E nuls en mei la mes ne creit.'
    Dunc se turnat li emperiere
14760 E vers seint Pol e vers seint Pierre,
E dist: 'Que deit que vostre gent
E vus si trecherusement
Vus portez, e que vostre afaire
14764 Tel est cum cist nus fait a creire?'
    Seint Pierre turnat vers Symun
Einz que il respundist a Nerun,
E dist: 'Symun, mult sunt deceu
14768 Cil ki vus unt oi e creu;
Supprendre peustes asez gent,
Mult en deceustes, mes mei nient.
Mes cil ki sunt par vus deceu
14772 Par mei se sunt puis repentu;
A Deu sunt par mei cunverti
E tut de but vus unt guerpi.
En plusurs lieus me avez truvé
14776 E suvent me avez espruvé;
Asez suvent vus ai atteint,
Dunt tut le vis avez eu teint.
Partant me esmerveil que vers mei
14780 Osez parler oiant le rei
Quant vostre afaire rien ne vaut
E quant vostre art tute vus faut.
Tenez nus vus si defailli,
14784 Si poi purveu, tant poi guarni
Que puint de vostre enchantement
Valer vus peusse, nus present,
E que tant peussez espleiter   *353r*
14788 Que nus dous facez forsveer?'
    Vers Nerun turnat puis seint Pierre
E dist: 'Oez, sire emperiere!
Disciples sumes Jesu Crist,
14792 Il nus est meistre, il nus aprist;
Il est Fiz Deu, il vint en terre,

14766 E einz

Del ciel descendi nus atraire.
Ki ciel e terre en baillie ad
14796 Humilier tant se deinnat
Que hume devint e mort suffri,
E le Deable partant venqui.
Li Deable out hume en poesté,
14800 Mes Jesu Crist le en ad geté;
Partant que il portat la victoire,
Hume, ki serf fu, mist en gloire.
Cele victoire a tutdis dure,
14804 Sauvee en est nostre nature;
Humein lignage esteit perdu,
Recuvrier prist par le Fiz Deu.
Symun, ki ci vus est present,
14808 Fiz Deu se feit, mes il vus ment:
Il est del Deable repleni
E partant ad de Deu failli.
Il est reneez e mentiere,
14812 Il est lerres e enchantiere;
En lui ne ad reisun ne mesure,
Repleniz est de tute ordure;
Mult ad mal feit e deceu gent,
14816 Mes Deus en prendrat vengement.
Li tens aproesce, e bien est dreit
Que li trechieres atteint seit:
Descuverte iert sa trecherie,   *353v*
14820 E tuz savrunt sa felunie.'
      Dunc dist Symun: 'Sire emperiere,
Ne devez pas cest hume creire!
Mult fait de vus a merveiller
14824 Que vus le vulez escuter
Quant vus ne i veez personage,
E ne semble el fors nientage.
Il est tut venuz de povraille,
14828 Guarir se sout de sa peschaille:
Turner vus poet a deshonur
Ceo que vus oez un peschur;
Asez lui pert que poi bien set,

14832　E ceo faet proeve que il poi poet.
　　　　Il est mentiere e nunsavant,
　　　　Ne creez rien que il voist disant!
　　　　Mult me ad esté dur enemi,
14836　Ne vuil ceo mes suffrir de lui:
　　　　Mes angeles frai del ciel descendre
　　　　E dirrai que il le viengent prendre;
　　　　Cil erraument me vengerunt
14840　Quel ure que il saisi le avrunt.'
　　　　　Dist seint Pierre: 'De rien ne dut
　　　　Ne vus, ne voz angeles od tut:
　　　　La vertu Jesu, mun Seinnur,
14844　Me feit partut estre seur.
　　　　Par la fiance que jeo en lui ai,
　　　　A voz angeles tel pour frai
　　　　Que quel ure que il me verrunt,
14848　Neis atendre ne me oserunt.
　　　　En ceo que Fiz Deu vus numez,
　　　　Atteint e cumpruvé serrez
　　　　Tut a veue que vus faillez,　　　　　　　　　　354r
14852　Kar al veir dire vus mentez.'
　　　　　A ceo lui respundi Nerun:
　　　　'Dunt ne avez pour de Symun,
　　　　De ki nus sumes asez cert
14856　Que il est Fiz Deu, kar asez pert?
　　　　Tant en ad mustré par uveraine
　　　　Que asez lui suffist a testmoine.'
　　　　　Seint Pierre a ceo lui respundi:
14860　'Si il ad divinité en lui
　　　　Ki queor de hume peusse cercher
　　　　E les pensez sace veer,
　　　　En ceo porrat mustrer sun sens
14864　Si il devine ceo que jeo pens,
　　　　E jeo en la oraille vus dirrai
　　　　Ceo meimes que jeo en purpos ai

14848 ne *interlinear addition*　14864 *letter erased after* deuin *with brown-washed* e *added in left margin*

Que Symun ne vus mente mie
14868 Par el dire que jeo ne die.'
A ceo dist Nerun: 'Ça venez
E dites mei que vus pensez!'
Seint Pierre a Nerun oreillat,
14872 Suef lui dist ceo que il pensat:
'Faites,' ceo dist priveement,
'Venir un pain de orge erraument;
Faites le mei suef bailler,
14876 Senz noise e senz granment parler.'
Nerun lui fist venir le pain
E belement livrer al puin,
E seint Pierre suef le prist,
14880 Desuz ses dras le traist e dist:
'Ore ai pensé, ore ai ci fait,
Symun nus die que ceo seit!'
'Cument,' dist Nerun a seint Pierre,   *354v*
14884 'Quidez me vus faire descreire
Que Symun peusse ceo saver
Qui pout le mort resusciter
E par sei pout de mort lever
14888 Puisque il se aveit fait decoler,
E vint al tierz jur devant mei
Senz signe que eust de mort en sei?
Quant il ad tut fait, mei veant,
14892 Quanque voil aler demandant,
Quidez vus que il ne sace mie
Ceo que vus pensez e nel die?'
'Jeo ne ai pas veu,' ceo dist seint Pierre,
14896 'Bien que vus diez Symun faire;
Unkes ne en fist rien, mei present,
E si le ai jeo aillurs veu suvent.'
'Jeo meimes vi,' ceo dist Nerun,
14900 'Quanque ci dit ai de Symun.'

14868 uus *expuncted between* ne *and* die   14873 v *of* priveement *written on erasure with* priueement *repeated in right margin*

Dist seint Pierre: 'Si il fist le plus,
Face le meins ci veant nus:
Die que ceo est que dit vus ai,
14904   E que jeo ai fait e que jeo frai!'
Atant se reguardat Nerun
E dist: 'Que dites vus, Symun?
Que deit que vus ne respunez?
14908   De vus sui ja mult esguarrez;
Ne sai cunseil fors de suffrir
E mettre vus al cuvenir.'
Dist Symun: 'Pierres die avant
14912   Que ceo seit que jeo vois pensant!'
'Bien musterai,' ceo dist seint Pierre,
'De quanque Symun pense a faire
Que tut le sai, quant fait avrat   *355r*
14916   La chose que il en purpos ad.'
Dunc dist Symun: 'Sire emperere,
Pierre vus ment, nel devez creire!
Ceo que hume pense sait Deu sul,
14920   Nel poet autre hume saver nul.'
'Fiz Deu vus faites,' dist seint Pierre,
'E quant os estes de tant dirre,
Dreiz est e reisun que sacez
14924   Curage de hume e ses pensez:
Mustrez vostre divinité,
Dites que ai fait en priveté!
Ki Fiz Deu est deit bien saver
14928   Quanque hume mortel poet penser.'
Seint Pierre out le pain de orge pris,
Desuz ses dras le out suef mis;
Bien le out cuvert e bien mucié,
14932   Parti le aveit e depecié;
Priveement le benesqui
Puisque il le aveit en dous parti.
En ses dous manches le out lié:
14936   A sa destre la une meitié,
La autre a senestre mise aveit,
Mes a celee tut ceo out feit.

Symun, ki se senti suppris
14940 E de respundre esteit esquis,
Mult se desdeinnat vers seint Pierre
Quant il ne truvat mes que dirre.
Mustrer en fait vout sa puissance,
14944 Partant se escriat en oiance:
'Viengent,' ceo dist, 'ci chiens avant
Devurer Pierres tut errant
Veant le emperur e les suens!'   *355v*
14948 A ceo survindrent curant chiens,
Hisduz e granz a desmesure,
Seint Pierre vindrent curre sure;
Tels el pais mes veu ne furent,
14952 Cil kis virent pour en eurent.
Seint Pierre deurent devurer,
Mes il se en sout tost delivrer,
Kar erraument se descuvri,
14956 En ureisun ses mains tendi:
As chiens mustrat le pain beneit
Que il en ses manches mis aveit;
Li chien, tant tost cum le pein virent,
14960 Tel pour eurent que il fuirent;
Puisque li pain lur iert mustré,
Ne i sunt remis ne demuré;
Issi vindrent, issi partirent
14964 Que a seint Pierre plus mal ne firent;
Ne sout l'um que devenu furent,
Puint de duree aver ne i pourent:
Il i vindrent sudeement
14968 E se enfuirent erraument.
Seint Pierre dist dunc a Nerun:
'Vus veant, ai atteint Symun;
Mustré vus ai que jeo soi tut
14972 Ceo que il pensat e faire vout.
A veue ai pruvé que il vuleit,
Nient par parole, mes par fait.
De ses angeles pramis aveit
14976 Que descendre del ciel [les] freit;

Ore ad ci fait ses chiens venir
En lieu des angeles pur mei saisir,
Partant pert bien que atteint a nient   *356r*
14980   Quanque il vus dit e que il vus ment:
En ses angeles ne ad rien que vaille,
Ne sunt pas angele, mes chenaille!
Bien pert de quel poer il furent
14984   Quant de arester ci pour eurent;
Bien unt mustré, quanque autre die,
Que de part Deu ne vindrent mie.'
    A ces paroles dist Nerun:
14988   'Vencuz sumus, ceo crei, Symun.'
    'Pierres,' dist Symun, 'me ad mult veu
E de mun cunseil ad mult seu.
Alé me est suvent a cuntraire,
14992   Que en Palestine, que en Cesaire,
E que en Judee, sun pais,
Kar cuntre mei se est, pose ad, pris [...]'